GTB
Gütersloher Taschenbücher
766

Judentum heute

Neun Fragen an eine Weltreligion

von Dennis Prager und Joseph Telushkin

Aus dem Amerikanischen übersetzt von
Elisabeth Kesten und Ulrike von Essen

Gütersloher Verlagshaus

Deutsche Erstausgabe

Ein **NES AMMIM** Buch
Zum besseren Verständnis des Judentums und Israels

Die Deutsche Bibliothek – CIP-Einheitsaufnahme

Prager, Dennis:
Judentum heute : neun Fragen an eine Weltreligion / von Dennis Prager und Joseph Telushkin. Aus dem Amerikan. übers. von Elisabeth Kesten und Ulrike von Essen. – Gütersloh : Gütersloher Verl.-Haus, 1993
(Gütersloher Taschenbücher ; 766)
Einheitssacht.: The nine questions people ask about Judaism <dt.>
ISBN 3-579-00766-1
NE: Telushkin, Joseph:; GT

ISBN 3-579-00766-1

Titel der amerikanischen Originalausgabe:
»The Nine Questions People Ask About Judaism«
First Touchstone Edition, 1986

Published by Simon & Schuster, Inc., New York

Umschlaggestaltung: Dieter Rehder, Kelmis/Belgien, unter Verwendung der Zeichnung »Schabbat – Tag der Ruhe« von Hartmut R. Berlinicke
Satzherstellung: ICS Communikations-Service GmbH, Bergisch Gladbach
Druck und Bindung: Clausen & Bosse, Leck
Gedruckt auf chlorfrei gebleichtem Werkdruckpapier
Printed in Germany

Für unsere Eltern
Max und Hilda Prager
und
Shlomo und Helen Telushkin,
die uns mit einem geistigen Horizont umgaben,
der es uns erlaubte, Fragen zu stellen und
nach Antworten zu suchen.

Inhalt

Die erste Ausgabe dieses Buches erschien 1975 unter dem Titel *Eight Questions People Ask about Judaism* (Acht Fragen an das Judentum). In jener Ausgabe haben wir mit Dankbarkeit die Namen von Leuten vermerkt, mit denen wir besonders lohnende Diskussionen über das Judentum geführt oder deren Schriften uns hauptsächlich beeinflußt haben. Es waren Dr. Shlomo Bardin und die Rabbiner Eliezer Berkovits, Saul Berman, David Eliach, Norman Frimer, Irving Greenberg, Robert Hirt, Steven Riskin und Avraham Weiss. Darüber hinaus gebührte Dr. Howard Siege, Shalva Siegel, Dr. Steven M. Cohen, Jerry Unterman und Jon Groner für Ihre kenntnisreichen Vorschläge, ihre Kritik und stilistischen Ratschläge unser Dank.
Bei den *Neun Fragen an das Judentum* sind wir nun unseren guten Freunden Michael und Nancy Medved besonders dankbar für ihre Hilfe und dafür, daß sie einen Verleger auf die *Acht Fragen* aufmerksam gemacht haben. Wir danken auch Fred Hills, unserem fordernden, aber immer unterstützenden Redakteur, Veronica Johnson für ihre außerordentliche redaktionelle Arbeit und Corrine Winner, die uns eine große Hilfe bei der Vorbereitung des Manuskripts war.

Geleitwort

Lieber Joe und lieber Dennis,

Mein Sohn Joe gab mir den Probedruck der *Neun Fragen an das Judentum.* Ich gratuliere beiden Autoren. Es ist ein kreatives, energiegeladenes und nüchternes Buch. Ich fühle mich persönlich davon angesprochen und ermutigt.
Der Originaltitel meines Buchs *Dies ist mein Gott* lautete *Ein Handbuch des Judentums für den intelligenten Skeptiker.* Ich mußte jedoch erkennen, daß mein Buch seinem Wesen nach eine persönliche Abrechnung war, nicht ein Bemühen, schwierige Fragen aufzugreifen und andere Leute mit meinen Antworten zu überzeugen. Prager/Telushkin und ich arbeiten verschieden. *Dies ist mein Gott* enthielt ursprünglich argumentierende Passagen, die überzeugen wollten, aber dann änderte ich meinen Ansatz und beendete das Werk als Bekenntnis eines glaubenden Menschen.
Nun haben Dennis Prager und mein Sohn Joseph Telushkin ein *Handbuch des Judentums für den intelligenten Skeptiker* geschrieben. Ihr Buch hat ein anspruchsvolles geistiges Niveau. Es wird viel Gutes tun.
Mein Sohn berichtete mir, wie es zur Entstehung dieses Buches kam. Ich meine die Vorträge an der Universität, die schockierenden Reaktionen einiger Teenager, die Reiseerfahrungen in der Sowjetunion usw. Ich bin froh, daß Ihr einige persönliche Ansichten in Eure einführenden Essays eingearbeitet habt, was uns ein besseres Vorständnis der Stimmen ermöglicht, die wir auf den folgenden Seiten hören. Nun verstehe ich, wie bei dem Versuch, das Judentum vor dem Hintergrund der 70er und 80er Jahre zu lehren, die Einwände, denen Ihr begegnet seid, sich zu diesen neun Fragen verbunden haben. Sie sind zugleich ein Spiegel der Herausforderung der alten wie der neuen Zeiten.
Viel Glück mit diesem sehr guten Buch.

Herman Wouk

Vorwort

Ich werde oft gefragt, warum ich zum Judentum zurückgekehrt bin. »Ich habe den Rest der Welt gesehen«, so antworte ich. Diese Antwort soll weder andere Kulturen oder Religionen herabsetzen noch leichtfertig klingen. Aber je mehr ich über die Welt und ihre Geschichte erfahre und weiß, desto mehr achte ich das Judentum und das Volk, das diese Religion hervorgebracht hat.

Ich erinnere mich, wie ich auf der wunderbaren indonesischen Insel Bali herumlief und überall Männer versammelt sah, die Hahnenkämpfen zujubelten. Für diese Menschen war das Zuschauen, wie Tiere sich die Augen auskratzen, ebenso interessant wie für mich ein Baseballspiel und moralisch genauso unproblematisch.

Das bringt mich zum Kernpunkt des Problems. Seit frühester Jugend beschäftigt mich das Problem von Gut und Böse. Warum ist diese Welt und ihre Geschichte voller Grausamkeit? Warum verletzen Menschen absichtlich andere Menschen? Sind alle bösen Menschen krank? Und wenn nicht, (denn davon bin ich heutzutage überzeugt,) sollten wir uns dann nicht vorwiegend mit der Frage beschäftigen, wie wir die Menschen zu besseren, freundlicheren und edleren menschlichen Wesen machen können?

Die Bedeutung aller anderen Probleme ist im Vergleich dazu verblaßt. Deshalb war ich mein ganzes Leben auf der Suche, nicht nach Wahrheit oder Glück, nicht einmal, wenigstens nicht bewußt, nach Gott. Alles was ich jemals wissen wollte, ist, ob ein Weg existiert, sei er religiös oder weltlich, östlich oder westlich, rational oder mystisch, der, zumindest aller Wahrscheinlichkeit nach, aufzeigt, was Gutes im menschlichen Wesen liegt.

Diese Suche hat mich durch sechzig Länder geführt und mich von meiner jüdischen Erziehung so weit entfernt, wie man es sich nur vorstellen kann.

Meine Suche hat mich zum Judentum gebracht. Ich glaube, das

Judentum bietet die besten Antworten auf die schreckliche Frage, wie in einer Gattung von Lebewesen, die dazu nicht besonders stark veranlagt ist, das Gute erreicht werden kann. Wenn ich davon nicht überzeugt wäre, würde ich mich nicht mit dem Judentum identifizieren, geschweige denn das Judentum verkünden. Nach dem Holocaust und in einer offenen Gesellschaft braucht man sehr gute Gründe, um ein Jude zu bleiben. Einige dieser Gründe stelle ich in diesem Buch vor, das ich zusammen mit Joseph Telushkin geschrieben habe, meinem lieben Freund, mit dem ich seit meinem zweiten Jahr im Gymnasium alle Ideen und jeden Kampf geteilt und durchgestanden habe. Es ist sehr ermutigend, daß unsere Ideen nicht neu sind. Wir versuchen lediglich das für unsere Generation wiederaufzunehmen, was Jesaja und andere für alle Generationen schon dargelegt haben.

»Das jüdische Volk«, sagt Abraham Joshua Heschel in der, wie ich glaube, zutreffendsten Beschreibung der Lage der Juden heutzutage, »ist wie ein Bote, der seine Botschaft vergessen hat.« Hier ist diese Botschaft, wie zwei Männer, die das Produkt des Judentums und westlicher Vernunft sind, sie sehen.

Dennis Prager

Vor vielen Jahren, als er im Flugzeug ein koscheres Mahl serviert bekam, fragte Dennis Prager die Stewardeß, ob sie wisse, was koscher bedeute. »Das ist Essen, das von einem Rabbi gesegnet ist«, antwortete sie. Fasziniert von dieser bemerkenswerten Erklärung stellte ich, als ich das nächste Mal flog, einer Stewardeß, dieselbe Frage und erhielt dieselbe Antwort. Daraufhin fragte mich die Stewardeß: »Wenn ein Rabbi ein Schwein segnet, wird das Schwein dann koscher?« Zungenfertig antwortete ich: »Nein, aber der Rabbi wird unkoscher.« Sie erzählte mir dann, daß sie über ihren ehemaligen jüdischen Freund von den Speisegesetzen wisse.

Den Rest des Fluges war ich in verdrießlicher Stimmung. Schon jahrtausendelang gebieten die Speisegesetze, daß ein Tier so schnell und schmerzlos wie möglich getötet werden soll, daß Juden nicht jedes Tier, auf das sie Lust haben, verspeisen können, und daß Juden nicht zum Vergnügen jagen. Und hier werden die Speisegesetze und damit das Judentum im allgemeinen mit seiner dreitausendjährigen Tradition ethischen Strebens in Voodoo-Rituale verwandelt. Es gibt tatsächlich Leute, die glauben, daß irgendwo in den Vereinigten Staaten Hühner an Rabbis vorbeimarschieren, die sie dann »koscher« segnen.

Meine Niedergeschlagenheit wurde durch die Tatsache verstärkt, daß das Judentum die Leidenschaft meines Lebens ist. Mit sechs Jahren kam ich in eine jüdische Schule, wo jeden Tag vier Stunden Hebräisch und Judentum gelehrt wurden. Seit ich dreizehn bin, habe ich intensiv jüdisches Gesetz, jüdische Theologie und jüdische Geschichte studiert. Eine Quelle dieser Leidenschaft war mein Großvater, Rabbi Nissen Telushkin, Gott habe ihn selig. Zu meinen beeindruckendsten Erinnerungen gehört der Kuß, den er mir, einige Monate bevor er starb, auf die Stirn drückte, als ich ihm sagte, ich hätte mich für ein Rabbinerstudium entschieden. Von ungefähr 1902 bis 1970 war er Rabbi gewesen, für mich ein lebendes Beispiel des Judentums. Ich nahm mir vor, diese rabbinische Tradition fortzusetzen. Eine andere Quelle meiner jüdischen Leidenschaft waren meine Eltern, wie ich es auch in der Widmung dieses Buches ausgedrückt habe. Eine dritte Quelle war Dennis Prager, mit dem mich eine einzigartige Freundschaft verbindet, sowohl intellektuell als auch emotional. Schon siebzehn Jahre lang denken wir gemeinsam über das Leben und das Judentum nach.

Wie jede Leidenschaft hat mein Judentum seine Hoch- und auch Tiefpunkte. So seltsam es in einer säkularen Welt klingen mag, aber die erfreulichsten Augenblicke meines Lebens waren diejenigen, wenn es mir gelang, eine zufriedenstellende Erklärung für ein offenkundiges Paradoxon in den jüdischen Quellen zu finden. Aber es gab auch harte Zeiten. Ich lebe nicht immer in Frieden mit Gott. Jeder fromme Jude, der mit den tragischen Aspekten der jüdischen Geschichte und dem allgemein menschlichen Leiden verbunden ist, fühlt sich in Elie Wiesels Satz gemeint, daß »der Jude Gott lieben oder mit ihm kämpfen kann, aber daß er Gott nicht ignorieren darf«.

Aber das genau ist es, was die meisten Juden heutzutage tun – sie ignorieren Gott und das Judentum. Es genügt schon, wenn nur eine Generation das Judentum nicht beachtet, um fürchterlich falsche Auffassungen über das Judentum und seine Ziele in der nachfolgenden Generation zu erzeugen. Jahrtausendelang haben Juden täglich ihre Aufgabe im Gebet rezitiert, »die Welt unter der Herrschaft Gottes vollkommen zu machen«. Der Zweck jüdischer Existenz ist nicht, jüdische Mahlzeiten zu essen, jüdische Witze zu erzählen oder jiddische Worte zu benutzen. Zweck dieses Lebens ist, das Böse zu bekämpfen und das Leiden in der Welt zu vermindern. Und es ist für mich eine Quelle tiefer Pein, zu erkennen, wie wenige das wissen.

Das vorliegende Buch soll Nichtjuden und Juden diesen Sachverhalt deutlich machen. Der Stewardeß und auch ihrem ehemaligen jüdischen Freund.

Joseph Telushkin

Vorwort zur deutschen Ausgabe

Seit Veröffentlichung der englischen Ausgabe dieses Buches habe ich gehofft, daß es in deutscher Übersetzung erscheinen würde.

Dafür habe ich folgende Gründe:

Erstens: Natürlich kennen die Deutschen Juden: entweder als Opfer des Holocaust oder als Gründer des 1948 auferstandenen jüdischen Staates Israel. Selten allerdings begegnen sie Juden, die das Judentum ernst nehmen und praktizieren, die in ihrer Religion leben und die lebendige, kraftvoll pulsierende Weltanschauung des Judentums praktizieren.

Ich zweifele daran, daß auch nur einer von hundert Deutschen jemals nur die Möglichkeit hatte, mit einem Juden zu sprechen, der für sich die Wahl getroffen hat, ein dem Judentum verpflichtetes Leben zu führen.

Mit Absicht sage ich »die Wahl treffen«, denn viele Juden, die, wie ich in eine jüdische Familie hineingeboren wurden, betrachten ihr Engagement für das und unsere Identifikation mit dem Judentum als eine bewußte Wahl.

Heutzutage ist das Engagement für das Judentum eine bewußte Entscheidung, es sei denn ein Jude lebt in seinem selbstauferlegten religiösen Getto. Juden werden ständig von den großen westlichen Kulturen – seien sie säkular oder christlich – aufgefordert, ihre religiöse Wahl zu rechtfertigen. Ich habe daraus viel Nutzen gezogen. Da ich die Bedingungen der säkularen Kultur hinterfrage, war ich gezwungen, zuerst für mich selber und dann auch für andere rational überzeugende Gründe zu entwickeln, die ein religiöses jüdisches Leben rechtfertigen. Viele dieser Gründe finden sich in diesem Buch.

Der zweite Grund, warum ich so erfreut bin, daß dieses Buch in deutscher Sprache erscheint, wird die meisten Leser überraschen: Ich möchte, daß Deutsche und Menschen aller Nationalitäten (das Buch wurde bereits ins Russische, Japanische, Spanische und Chinesische übersetzt) vom Judentum lernen und dann eventuell sogar einen Übertritt zum Judentum in Betracht ziehen.

Eine der vielen Tragödien der jüdischen Geschichte ist die Tatsache, daß die Juden wegen eines fast zweitausendjährigen Judenhasses (den Rabbi Telushkin und ich in unserem zweiten Buch *Why the Jews? The Reasons for Antisemitism* [Warum die Juden? Motive des Antisemitismus] zu erklären versuchen), also seit der Zeit Christi, ihren Glauben der Welt nicht mehr anbieten konnten. Damals, wie es im Evangelium des Matthäus heißt, »überquerten die Juden Meer und Land, um einen Proselyten zu gewinnen« (Mt 23,15).

Es ist ganz bestimmt nicht die Absicht des Judentums, alle Menschen zu Juden zu machen – im Gegensatz zum Christentum, dessen Ziel es ist, alle Menschen zum Christentum zu bekehren – denn das Judentum glaubt, daß Gott alle gottesfürchtigen Menschen belohnt. Das Ziel des Judentums ist es, die ganze Menschheit zum ethischen Monotheismus zu bekehren – zum Glauben an einen einzigen universalen Gott und Seine universale Moral.

Der ethische Monotheismus wird in diesem Band ausführlich diskutiert; darüber hinaus habe ich zu diesem Thema einen detaillierten Essay verfaßt, in dem erklärt wird, warum ethischer Monotheismus die einzige Lösung zum Problem des Bösen sein kann. Leser, die an dieser Publikation interessiert sind, können diesen Essay in deutscher Sprache erhalten und sich direkt an mich wenden (10573 Pico Boulevard, Los Angeles, California 90064, USA).

Es ist bedauernswert, daß fast alle Nichtjuden – und sogar die meisten Juden – die Juden als eine Volksgruppe sehen (oder noch schlimmer als eine Rasse, wie die Nazis uns definiert haben) anstatt als eine Nation – zusammengesetzt aus allen Völkern und Rassen –, die sich eine Religion zu eigen machte, deren Aufgabe es ist, mit den Worten eines berühmten jüdischen Gebetes, »die Welt unter der Herrschaft Gottes zu reparieren«.

Die Juden sind Boten der Geschichte vom Berge Sinai. Unglücklicherweise haben die meisten Boten diese Botschaft vergessen. Hier setzt dieses Buch an. Und vielleicht wird ein Nichtjude, der nach einem heiligerem und moralischerem

Leben sucht, *ohne auf seine Vernunft zu verzichten,* im Judentum finden, wonach er gesucht hat.

Drittens wird Deutschland, ob es will oder nicht, eine immer größere Rolle im Weltgeschehen spielen. Das Judentum und das deutsche Volk können es sich nicht leisten, sich aus dem Weg zu gehen.

Diese deutsche Ausgabe der *Neun Fragen* wurde durch zwei Deutsche ermöglicht, die meine Überzeugungen verkörpern – durch eine Deutsche, die zum Judentum übergetreten ist und einen christlichen Pastor.

Obwohl sie nicht wußte, ob dieses Buch jemals einen deutschen Verlag finden würde, widmete sich Elisabeth Kesten nichtsdestotrotz in monatelanger Arbeit der Übersetzung des Buches ins Deutsche. Ich kann ihr nicht genug danken.

Der Mann, durch dessen Vermittlung wir einen Verlag fanden, ist Pastor Albrecht Lohrbächer, den ich auf der Holocaust-Konferenz in Berlin traf, und zu dem ich mich sofort hingezogen fühlte. Dieser Mann ist ein Beispiel für die Besten im Christentum.

Frau Kesten und Pastor Lohrbächer sind Menschen, die meine Überzeugung verkörpern. Sie stehen für mein Lebensmotto – ein Wort Dr. Viktor Frankls (jüdischer Psychoanalytiker, der Auschwitz überlebt hat): »Es gibt auf Erden nur zwei Menschenrassen und nur diese beiden: die Rasse der anständigen Menschen und die der unanständigen Menschen.«[1]

Dennis Prager
Los Angeles, California
April 1993

Frage 1

Kann man an der Existenz Gottes zweifeln und trotzdem ein guter Jude sein?

Gott mag Seine eigenen Gründc haben, warum Er uns die Gewißheit über Seine Existenz und Natur verweigert. Ein für uns verständlicher Grund ist, daß Gewißheit Gift für die menschliche Seele ist. Wer weiß das besser als der moderne Mensch, der sich gegen dogmatische Faschisten, Kommunisten und sogar gegen Wissenschaftler behaupten mußte?

EMANUEL RACKMAN,
The Condition of Jewish Belief
[Die Voraussetzungen des jüdischen Glaubens]

Während der Gläubige viele Probleme mit dem Bösen hat, hat der Atheist mit noch mehr und ernsteren Schwierigkeiten zu kämpfen. Die Wirklichkeit muß ihn vollständig verblüffen und verwirren. Dies hat viele Gründe, angefangen bei der Existenz der Naturgesetze bis zur instinktiven List des Insekts, dem Gehirn des Genies und dem Herzen des Propheten. Es gibt einen intellektuellen Grund, an Gott zu glauben: Obwohl Glauben nicht unproblematisch ist, ist er doch die beste Antwort auf das Rätsel des Universums.

MILTON STEINBERG,
Anatomy of Faith
[Anatomie des Glaubens]

Zweifel

Gibt es einen Gott?

Das ist die entscheidendste Frage des Lebens. Die Antwort auf diese Frage ist von entscheidender Bedeutung für die menschliche Existenz.

Trotz ihrer überwältigenden Wichtigkeit beschränken sich jedoch ernste Diskussionen über Gott gewöhnlich auf Theologen und Philosophen. Wir anderen bilden uns in einem relativ frühen Alter einfache Meinungen über Glauben, Agnostizismus oder Atheismus und genügen uns damit, diese Meinungen für den Rest unseres Lebens zu behalten, ohne sie zu hinterfragen.

Unsere Präsentation des Judentums muß deshalb mit einer Diskussion über Gott beginnen. Betrachten wir zunächst kurz die Position des Judentums zu der gegenüber Gott in unserer Zeit weitverbreiteten Haltung: dem Zweifel.

Kann man an Gottes Existenz zweifeln und trotzdem ein guter Jude sein?

Ja.

Der Glaube an Gott ist oft schwierig. Man muß mit Glaubenskrisen rechnen, und für einen Juden ist es kein irreligiöser Akt, solch eine Krise anzuerkennen. Es gibt vier wichtige Gründe, warum Zweifel an der Existenz Gottes nicht verhindern können, daß jemand ein guter Jude ist.

Das Judentum stellt die Werke über den Glauben

Das Judentum legt mehr Nachdruck auf Taten als auf Glauben. Der Talmud schreibt Gott eine Erklärung zu, die wohl einzigartig unter allen religiösen Schriften ist: »Es ist besser, daß sie (die Juden) Mich verlassen, aber Meine Gesetze müssen sie befolgen«, (denn, so fügt der Talmud hinzu, durch die Ausübung der Gesetze des Judentums wird der Jude zu Gott zurückkehren, Jerusalem Talmud Haggigah 1,7). Dem Judentum zufolge kann man also ein guter Jude sein und gleichzeitig die Existenz Gottes bezweifeln, solange man in Übereinstimmung mit dem jüdischen Gesetz handelt. Der Umkehrschluß jedoch gilt nicht, denn ein

Jude, der an Gott glaubt und gegen das jüdische Gesetz verstößt, kann nicht als guter Jude betrachtet werden.
Natürlich ist es nicht unsere Absicht, die zentrale Bedeutung Gottes im Judentum zu leugnen, wir wollen nur betonen, daß das Judentum unabhängig von der aktuellen Glaubensintensität hochgeschätzt werden kann. Durch Studium und Praxis können Sie das Judentum in Ihren Alltag einbeziehen, auch wenn Sie an der Existenz Gottes zweifeln, denn jüdisches Lernen und jüdische Praxis sind in sich selbst außergewöhnlich wertvoll, sowohl für den Einzelnen als auch für die Gesellschaft.
Außerdem hat die Erfahrung gezeigt, daß der Glaube an Gott viel leichter wird, wenn das Judentum studiert und gelebt wird. Wie es der Talmud ausdrückt, tut ein Mensch, der anfängt, das Judentum zu praktizieren aus Gründen, die nichts mit Gott zu tun haben (etwa aus rationaler und ethischer Überzeugung), dies letztendlich wegen Gott (Pesachim 50b).

Absolute Sicherheit im Glauben führt zu Fanatismus

Um es mit den Worten von Emanuel Rackman, einem der bedeutendsten Rabbis unserer Zeit, zu sagen: »Das Judentum ermutigt zum Zweifel, gleichwohl fördert es Glauben und Engagement. Ein Jude wagt es nicht, in absoluter Sicherheit zu leben, denn Sicherheit ist das Merkmal des Fanatikers, und das Judentum verabscheut Fanatismus, weil Zweifel gut für die menschliche Seele, für ihre Demut, sind (...) Gott mag Seine eigenen Gründe haben, warum Er uns die Gewißheit Seiner Existenz und Natur verweigert. Ein für uns verständlicher Grund ist, daß Gewißheit Gift für die menschliche Seele ist. Wer weiß das besser als der moderne Mensch, der sich gegen dogmatische Faschisten, Kommunisten und sogar Wissenschaftler behaupten mußte?«[2]

Wenn die Existenz Gottes gewiss wäre, würde das zum Ende moralischer Entscheidungsfreiheit führen

Wenn wir *wüßten,* daß Gott existiert und uns für böse Taten bestraft, könnten gute Taten nicht mehr frei gewählt werden. Ein Element des Unwissens ist notwendig, um es uns zu ermöglichen, das Gute zu *wählen.* Um uns für das Gute zu entscheiden, müssen wir uns frei fühlen, auch Böses zu tun, und wir können das nicht, wenn wir mit Sicherheit wissen, daß es Gott gibt und er jede unserer Taten registriert. (Wieviel Entscheidungsfreiheit haben wir, die Geschwindigkeitsbegrenzung zu überschreiten, wenn wir wissen, daß die Polizei genau hinter uns fährt?)

Da die Existenz Gottes nicht zu beweisen ist, ist der Zweifel natürlich

Das Wissen über die Existenz Gottes ist kein Wissen in dem Sinne, wie wir wissen, daß ein Tisch oder eine Katze existiert. Deren Existenz kann physisch demonstriert und durch unsere Sinne überprüft werden. Die Existenz Gottes jedoch kann nicht bewiesen werden, da Gott keine körperlichen Eigenschaften besitzt. Die Existenz natürlicher, physischer und endlicher Dinge kann man beweisen: Gott jedoch ist übernatürlich, metaphysisch und unendlich. Die Unfähigkeit, Gottes Existenz zu beweisen, und dies gilt nur für die Tatsache, daß Gott keine körperlichen Eigenschaften besitzt, spiegelt eine Position wieder, die das Judentum immer aufrechterhalten hat.[3]

An Gottes Existenz zu zweifeln ist also normal, erlaubt und hindert einen Menschen nicht daran, ein guter Jude zu sein. Aber ein guter Jude darf *Gottes Existenz nicht leugnen.* Seit seinen Anfängen ist es die Hauptaufgabe des jüdischen Volkes, die Idee eines universalen und moralischen Gottes oder ethischen Monotheismus der Menschheit zu vermitteln. Wie wir im weiteren sehen werden, sind die wichtigsten Werte des Lebens von der Existenz Gottes abhängig: Moral, Gut und Böse als objektive Realität, die persönliche und nationale Meinungen übersteigen und auf den höchsten Sinn und Zweck des menschlichen Daseins verweisen. Um es anders zu sagen: Wenn es keinen Gott gibt, kann es kein objektives Gut und Böse geben und keinen höchsten Zweck unseres Daseins. Aus diesen und anderen Gründen darf ein engagierter Jude erstens Gottes Existenz nicht verleugnen, und zweitens muß er mit seinen Zweifeln gegenüber Gott ringen (der Name des jüdischen Volkes, Israel, bedeutet »Ringen mit

Gott«), und drittens muß er den ethischen Monotheismus verkünden, das Ideal eines einzigen Gottes als Fundament eines universalen ethischen Verhaltens. Wie es Elie Wiesel einmal erklärt hat: »Der Jude mag Gott lieben oder mit Gott kämpfen, aber er darf Gott nicht ignorieren.«

Die Notwendigkeit, Gottes Existenz zu bejahen

Moralität

Der erste Wert, dessen Existenz von der Bejahung der Existenz Gottes abhängig ist, ist Moral. Wenn es keinen Gott gibt, gibt es kein Richtig und kein Falsch, das persönliche Vorlieben übersteigt. Gas, Moleküle und Naturgesetze sind nicht »gut« oder »böse«, »richtig« oder »falsch.« Wenn die natürliche Welt die einzig objektive Wirklichkeit ist und keine moralische Instanz über der Natur steht, besitzen Gut und Böse keine objektive Wirklichkeit. Moralische Urteile werden dadurch ganz subjektiv. Es sind populäre oder persönliche Meinungen, die objektiv bedeutungslos sind und keine Wirklichkeit darstellen. Berühmte atheistische Philosophen haben klar bewiesen, daß universale Moral nicht existiert, wenn es keinen Gott gibt. Ohne Gott können wir nur *Meinungen* zur Moral haben, aber unsere Meinungen zu »gutem« und »bösem« Verhalten sind nicht gültiger oder verpflichtender als unsere Meinung zu »gutem« und »schlechtem« Speiseeis.

Aus diesem Grund wird Moral in einer säkularen Gesellschaft im allgemeinen als eine Angelegenheit der inneren Einstellung angesehen. Moralischer Relativismus ist die einzig mögliche Konsequenz aus der Verleugnung der Existenz Gottes; Moral wird dann zum Euphemismus für die persönliche Meinung. Wie es Bertrand Russell, der beredteste atheistische Philosoph dieses Jahrhunderts, ausdrückte: »Ich weiß nicht, wie die Argumente für die Subjektivität ethischer Werte zu widerlegen sind,« gab er zu, »aber ich kann nicht glauben, daß absichtliche Grausamkeit nur deshalb falsch ist, weil ich sie nicht mag.«[4]

Russells zweite Aussage ist unser ganzes Argument. Alles was an absichtlicher Grausamkeit laut Atheismus und seinem moralischen Relativismus falsch ist, ist, daß wir es persönlich nicht leiden können. *Amoralität ist dem Atheismus inhärent.*[5]

Um diesen Punkt zu illustrieren, nehmen wir an, daß Gott nicht existiert. Wie erklärt sich dann, warum Hitler moralisch im Unrecht war? Für den Atheisten und moralischen Relativisten sind die Greueltaten der Nazis insofern falsch, wie Russell es ausdrückt, als »ich sie nicht mag«.

Es mag jemand antworten, daß wir »im Innersten« wissen, daß Hitlers Massenmord und Folter falsch waren. Aber woher kommt dieses »innere« Gefühl für Richtig und Falsch? Wenn es keinen Gott gibt, sind solche Gefühle nur Gefühle, und die objektive Moral muß subjektive Gefühle übersteigen. Und wenn wir tatsächlich ein »inneres« Wissen über Gut und Böse haben, welche Quelle der Moral hat es uns eingegeben?

Es mag jemand antworten, daß solcher Mord wie der der Nazis aus pragmatischen Gründen falsch sei – weil: »Wenn wir Menschen umbringen, fangen diese an, uns zu töten, und die Gesellschaft bricht auseinander.« Aber das ist kein moralisches Argument, sondern ein pragmatisches, und es ist auf jeden Fall ungültig, denn Böses zu tun, kann auch als äußerst praktisch angesehen werden. Tatsächlich begünstigen pragmatische Argumente gewöhnlich das Ausüben von Verbrechen. Die Nazis z. B. hätten obiges Argument: »Wenn wir sie umbringen, dann töten sie uns« sofort mit der korrekten Bemerkung abgewiesen, daß »sie« nicht in der Lage wären, »uns« zu töten. Wie auch in der Natur werden nur die Schwachen zerstört. Das pragmatische Argument gegen die Ausübung des Bösen ist naiv. Wenn man bei einem Verbrechen nicht erwischt wird, gibt es kein pragmatisches Argument gegen seine Ausführung – nur ein moralisches Argument, das allerdings häufig ziemlich unpraktisch ist.

Betrachten wir zum Beispiel das relativ geringe Verbrechen der Steuerhinterziehung. Das pragmatische Argument spricht *für* und nicht gegen die Ausführung dieses Verbrechens. Das Gegenargument, nämlich: »Wenn jeder an seiner Steuererklärung betrügt, würden wir alle darunter leiden«, hindert verständlicherweise fast niemand am Betrügen. Im Gegenteil, Steuerhinterzieher sind davon überzeugt, daß fast jeder betrügt, und genau dies dient ihnen als Rechtfertigung. Eben weil man glaubt, fast jeder betrügt, muß man selbst auch betrügen, ansonsten verliert man. Pragmatismus diktiert unmoralisches Verhalten genauso oft wie moralisches.

Es mag jemand antworten, daß die Vernunft uns sagt, daß Hitler falsch gehandelt hat und daß Böses im allgemeinen falsch ist. Laut dieser weitverbreiteten Ansicht genügt allein Vernunft, um uns zu einem moralischen Verhalten zu führen. Die Notwendigkeit, die Existenz Gottes zu bejahen, ist davon gänzlich unabhängig. Aber ist das wirklich so?

Vernunft rät oft zu bösem Verhalten

Die Vernunft spricht nur selten für moralisches Verhalten. Tatsächlich kann Vernunft fast immer dazu benutzt werden, unmoralisches Verhalten zu rechtfertigen – von der Unterstützung der Nazis bis zu geringfügigen Betrügereien im Alltagsleben. Der Gebrauch von Vernunft zur Rechtfertigung falschen Verhaltens ist so häufig, daß wir ein besonderes Wort dafür haben – Rationalisierung.

Adolf Eichmann und andere Nazimörder handelten »vernünftig«, wenn sie den Befehlen, Menschen zu ermorden, gehorchten und so ihre Karrieren voranbrachten. Der Durchschnittsdeutsche, der dazu schwieg, als seine jüdischen Nachbarn in Konzentrationslager geschafft wurden, handelte völlig vernünftig. Die Vernunft gab ihm ein, das eigene Leben zu erhalten und nicht dadurch zu gefährden, daß man einem Juden half. Tatsächlich kann man behaupten, daß die einzigen Deutschen in Nazideutschland, die sich moralisch verhielten, diejenigen waren, die gegen die Vernunft handelten.

Um ein alltäglicheres Beispiel zu bringen: Laut *New York Times* stiehlt einer von drei Hotelgästen etwas aus seinem Zimmer. Die meisten dieser Leute halten Diebstahl wahrscheinlich für unmoralisch. Können wir daraus schließen, daß sich Millionen von Amerikanern als Diebe betrachten? Nein. Zweifellos werden die meisten leugnen, daß das, was sie getan haben, Diebstahl ist; sie rationalisieren ihre Taten mit der Behauptung, daß das Hotel zu

teuer sei, oder daß »jeder« »Souvenire« mitnehme, oder daß das Handtuch (der Aschenbecher oder das Bild) nicht vermißt werden würden.
Zusammenfassend läßt sich sagen, daß Vernunft amoralisch ist. Sie ist ein menschliches Werkzeug, das genauso leicht für Böses wie für Gutes verwendet werden kann.

Die Vernunft kann gutes Verhalten nicht einfordern (auch wenn sie es nahelegt)

Die oben genannten Beispiele sollten deutlich machen, daß die Vernunft oft nicht einmal gutes Verhalten nahelegt, noch weniger kann man sich darauf verlassen, daß sie Gutes einfordert. Und auch wenn Vernunft für moralisches Verhalten spricht, ist es nicht die Vernunft, die einen Menschen zwingt, moralisch zu handeln. Die Vernunft mag es vielen Deutschen während des Zweiten Weltkrieges vielleicht nahegelegt haben, sich den Nazis zu widersetzen, mag vielen Amerikanern anheimgegeben haben, nichts aus ihren Hotelzimmern zu stehlen; sie kann die Menschen aber überhaupt nicht nötigen, auch dementsprechend zu handeln. Und für die wenigen Deutschen, die sich aktiv dem Nationalsozialismus widersetzten, war es nicht die Vernunft, die ihnen moralisches Verhalten diktiert hat. Es war das Erkennen von etwas Höherem als Vernunft, das sie dazu trieb, moralisch zu handeln.
Aus diesen Gründen, nämlich der Tatsache, daß die Vernunft auch Böses nahelegen und Gutes nicht erzwingen kann, auch wenn es sich anbietet, können wir die Vorstellung, Vernunft allein könne moralisches Verhalten erzeugen, als gefährlichen Mythos charakterisieren.
Um zu unserem Ausgangspunkt zurückzukehren: Wenn es keinen Gott gibt, dessen Moral persönliche Meinungen übersteigt, können wir nicht sagen, daß Hitler im Unrecht war. Alles was wir sagen können, ist: »Ich mag das nicht.«[6]
Die Quelle der Moral muß in sich selbst moralisch sein, und da Vernunft amoralisch ist, kann sie nicht Quelle der Moral sein. Diese Quelle muß etwas Höheres als Vernunft sein. Von dem Tag, da die Juden am Berg Sinai standen, bis zum heutigen Tag wurde diese höhere Quelle Gott genannt.

Der Sinn des Lebens

Moral ist nicht die einzige Größe, deren Existenz von der Existenz Gottes abhängt. Wenn die physikalische Welt die einzige Wirklichkeit ist, d. h. wenn es keine metaphysische Quelle des Lebens gibt, dann ist das Leben eigentlich sinnlos. Leben ist dann nicht mehr als ein zufälliges Ergebnis unzähliger Zufälle; menschliche Wesen sind dann nichts anderes als sich ihrer selbst bewußte Moleküle. Wir unterscheiden uns von allen anderen Molekülen nur darin, daß wir glauben wollen, unsere spezielle Molekülkombination habe irgendeinen höheren Sinn und Zweck. Aber dieser Wunsch ist eine Täuschung. Wir können es nur nicht ertragen, jeden Morgen aufzuwachen und im Spiegel einen molekularen Zufall anzublicken, deshalb erfinden wir eine Bedeutung für unser Leben.

Die Sinnlosigkeit eines Lebens ohne Gott ist kein Argument, das von Theologen erfunden wurde. Es ist eine Tatsache und in allen existentiellen säkularen Ideen zu finden. Die Argumentation säkularer Existentialisten lautet wie folgt: Da Gott nicht existiert, ist das Leben ein physikalischer Zufall ohne Bedeutung. Deshalb müssen wir unserem »Sein und Nichts«, um die wohlgewählten Worte von Jean-Paul Sartre zu benutzen, irgendeine beliebige Bedeutung verleihen, oder wir überleben die Pein des Lebens nicht.

Für den Juden ist die physikalische Welt sehr real. Aber sie ist nicht die einzige Wirklichkeit. Es gibt auch eine metaphysische Realität. Gott, die Quelle dieser metaphysikalischen Realität, hat die physikalische Wirklichkeit erschaffen und den Menschen einen Funken des Göttlichen verliehen. Dieses Element mag Spiritualität genannt werden oder Seele, Bild Gottes bzw. Heiligkeit. Der Name ist gleichgültig, gemeint ist dasselbe: Wir sind nicht die zwecklose, physikalische Schöpfung eines grausamen und apathischen Universums, sondern sinnvolle, geistige Geschöpfe eines liebenden und gerechten Gottes.

Um einen universellen Standard von Gut und Böse in der Welt zu verbreiten, muß ein Jude den ethischen Monotheismus bejahen und fördern, auch dann wenn er an Gott zweifelt, denn der Tod des Glaubens an Gott führt zu moralischem Chaos und einem

alles durchdringenden Gefühl von Bedeutungslosigkeit. Gottes Existenz ist sichtbar notwendig für eine moralische Welt und für den höchsten Sinn des Lebens.
Nichtsdestoweniger mag man folgern, daß während Gottes Existenz klar *notwendig,* der Glaube an Gottes Existenz irrational und vielleicht unmöglich ist. Wenden wir uns deshalb der Frage nach der *Wahrscheinlichkeit* der Existenz Gottes zu.

Existiert Gott?

Auf beiden Seiten der Auseinandersetzung gibt es starke Argumente, aber unserer Meinung nach ist das Argument für die Existenz Gottes stärker als das atheistische Argument.
Mit Milton Steinberg sagen wir, *der Gläubige muß nur eine Sache erklären, nämlich die Existenz des Bösen; der Atheist jedoch muß alles andere erklären.*
Das Problem des Bösen ist die schwierigste und problematischste Herausforderung für den Glauben: Jeder Befürworter einer religiösen Weltanschauung muß sich dauernd damit quälen. Bevor wir uns diesem Problem widmen, wollen wir den Nichtgläubigen mit der These Milton Steinbergs entgegnen: Wenn es keinen Gott gibt, wie erklärt sich dann die Existenz des *Guten* in der Welt? Die Existenz des Bewußtseins und des Gewissens? Der Intelligenz? Der Gefühle? Der Liebe? Der Naturgesetze? Die Existenz unseres Wunsches nach einem Sinn der Welt? Der gesamten Schöpfung? Der Vorstellung eines universalen Begriffes von Gut und Böse?
Diejenigen unter uns, die die Existenz Gottes bejahen, meinen, daß diese nichtphysikalischen Wirklichkeiten von einer höheren nichtphysikalischen Quelle, von Gott, kommen. Aber wie erklärt der Atheist all diese Phänomene? Im allgemeinen wird ein Atheist sagen, daß sie sich zufällig entwickelt haben, wie in willkürlichen Verbindungen von Gasen und Molekülen. Den Atheisten zufolge hat sich in der Tat alles rein zufällig entwickelt.[7]
Wir geben zu, daß Schönheit, Liebe, Kunst, Intelligenz, Bewußtsein, Gewissen, Naturgesetze, die komplexe Zellenaktivität, das alles durchdringende Gefühl für Sinn und Zweck, die Begriffe

universale Gerechtigkeit und Moral und die gesamte Schöpfung aus nicht belebten Zufällen entstanden sein könnten. Aber während dies eine Möglichkeit ist, zwingen uns Logik und Vernunft (ganz zu schweigen von unserer religiösen Natur), dieses als unwahrscheinlich zurückzuweisen. Design weist auf einen Designer hin, Gesetz auf einen Gesetzgeber, Schöpfung auf einen Schöpfer, Intelligenz auf eine Quelle der Intelligenz und das Gewissen auf einen Gott.

Es gibt zwei mögliche Erklärungen für die Schöpfung: daß alles durch Zufall oder daß alles nach einem Plan und Ziel entstanden ist. Wir haben die Wahl zwischen Unsinn und Sinn. Wenn es keinen Gott gibt, kann man nicht von einem Sinn des Lebens sprechen oder von Gut und Böse oder von einem höchsten Zweck. Diese Dinge wären, wie schon erwähnt, nur Täuschungen, die unser Gehirn erdacht hat, um zu verleugnen, daß alles anarchisch und bedeutungslos ist.

Aber in dem Augenblick, da man bejaht, daß diese nichtphysikalischen Aspekte des Lebens eine objektive Realität besitzen, bestätigt man stillschweigend die Existenz Gottes. Woher kommen denn diese nichtphysikalischen Realitäten? Gase und Aminosäuren besitzen keine Wahrheit, keinen Sinn und Zweck, kein Gut und Böse.

Wie Milton Steinberg schrieb: »Das also ist der intellektuelle Grund für den Glauben an Gott. Obwohl dieser Glaube nicht unproblematisch ist, steht er doch hoch über allem und ist die beste Antwort auf das Rätsel des Universums.«[8]

Es gibt jedoch ein weiteres Rätsel, das am besten mit der Existenz Gottes zu erklären ist: Es ist die Existenz und die Wirkung des Volkes der Juden. Die Geschichte, das Überleben, und – am geheimnisvollsten von allem – die überwältigende Wirkung der Juden auf die Geschichte kann nicht mit den Kriterien erklärt werden, die auf das Schicksal anderer Nationen angewandt werden.

Erstens überrascht die Tatsache, daß das jüdische Volk als ein charakteristisch anderes Volk überlebt hat. In der ganzen Welt haben nur die Juden fast viertausend Jahre lang mit intakter Kultur überlebt. Nur den Juden wurde ihre Heimat zerstört (zweimal!), nur die Juden wurden in alle Welt zerstreut und waren zweitausend Jahre lang heimatlos; sie ertrugen Haß, wo immer sie lebten, überlebten den systematischsten Versuch der Geschichte (wie auch die Roma und Sinti), ein gesamtes Volk zu zerstören und wurden fast von jeder Nation, mit der sie lebten, ausgestoßen. Die Juden leben jedoch immer noch, studieren ihre Vorväter, die um 1600 vor der Zeitrechnung lebten, haben dieselbe Heimat wie 1000 vor der Zeitrechnung, sprechen dieselbe Sprache wie ihre Vorfahren vor 3000 Jahren und beten zu demselben Gott.

Das Rätsel des jüdischen Überlebens hat noch fast jeden Welthistoriker und Sozialphilosophen verblüfft. Von letzteren hat es Mark Twain am treffendsten ausgedrückt: »Die Ägypter, die Babylonier und die Perser stiegen auf, erfüllten den Planeten mit Lärm und Glanz, verblichen dann zu Traumgebilden und verschwanden. Es folgten die Griechen und Römer, sie machten viel Lärm, und auch sie sind dahingegangen. Andere Völker schossen aus dem Boden, hielten ihre Fackel eine Zeitlang hoch, aber sie verlöschte, und jetzt sitzen sie in der Dämmerung oder sind verschwunden. Der Jude sah sie alle, schlug sie alle und ist nun, was er immer schon war, er zeigt keine Dekadenz, keine Alterskrankheiten, keine Schwächung seiner Glieder, keine Verlangsamung seiner Energie, keine Abschwächung seines wachen und aggressiven Geistes. Alles ist sterblich, der Jude nicht. Alle anderen Kräfte vergehen, aber er bleibt. Was ist das Geheimnis seiner Unsterblichkeit?«[9]

Für den Juden ist das »Geheimnis seiner Unsterblichkeit« natürlich das göttliche Element in der jüdischen Geschichte.

Aber etwas anderes ist noch viel erstaunlicher und beeindruckender als das Überleben der Juden, und das ist der Einfluß, den dieses Volk auf die Menschheit gehabt hat. Eine winzige Gruppe von unkultivierten und heimatlosen Sklaven gab der Welt Gott, den ethischen Monotheismus, das Konzept einer moralischen Verantwortlichkeit, die Idee der menschlichen Heiligkeit (Erschaffung des Menschen nach dem »Bilde Gottes«)[10], den Messianismus, die Propheten, die Bibel und die Zehn Gebote. Wenn die Juden nicht gewesen wären, gäbe es kein Christentum,

keinen Islam, keinen Marxismus, keinen Sozialismus und keinen Humanismus. Es ist kein Wunder, daß Judenhasser andauernd von einer jüdischen Weltverschwörung gesprochen haben.
Die größten Weltmächte scheinen auf dieses zahlenmäßig unbedeutende Volk fixiert zu sein. Die Römer, die Kirche, die Nazis, die kommunistische Welt, die islamische Welt und die Vereinten Nationen, alle waren oder sind lange Zeit vorwiegend mit den Juden beschäftigt Bis heute steht dieses Volk, das in einer Welt von über 4,5 Billionen weniger als 14 Millionen zählt, im Mittelpunkt menschlicher Ereignisse.
Für die Juden war der Grund für ihre Wirkung auf die Menschheit immer klar. Der Jude ist durch seine Geburt nicht anders als andere menschliche Wesen, und jeder Mensch kann Jude werden. Deshalb findet sich die Erklärung von der spezifischen jüdischen Wirkung nicht bei den Juden selber, sondern im Judentum. Etwas anderes muß in der jüdischen Geschichte und in der jüdischen Wirkung auf die Weltgeschichte mitspielen, etwas jenseits der Geschichte – vielleicht Gott. Sobald man die Einzigartigkeit des monotheistischen Ideals zu schätzen beginnt, seine scheinbare Entstehung aus dem Geist menschlicher Wesen in einem einzigen Volk, bleibt nur eine Schlußfolgerung, nämlich daß entweder ein Supermensch oder Gott das Judentum und den ethischen Monotheismus eingeführt hat. Gott scheint uns plausibler.

Atheismus

Es genügt nicht, bestimmte Argumente für die Existenz Gottes aufzustellen, denn darin werden die Natur vieler Atheisten und die Gründe für den Atheismus nicht berücksichtigt. Atheisten können einer oder mehreren der folgenden fünf Kategorien zugeordnet werden:

Atheisten, die Gott leugnen, weil ihnen Gott in einer kindisch verzerrten Weise vorgestellt wurde

Unglücklicherweise ist es nicht zu leugnen, daß Gott oft in alberner und verzerrter Weise gesehen und dargestellt wird. Ein typisches Beispiel ist die anthropomorphe Vorstellung von Gott, die Ihn zum Beispiel als großen, alten Mann, im Himmel sitzend, porträtiert. Dieser Strohmann-Gott ist ein beliebtes Objekt atheistischer Witze über Gläubige; es war diese Karikatur, über die sich sowjetische Kosmonauten lustig machten, als sie prahlten, daß sie oben im Weltraum keinen Gott gesehen hätten.

Eine zweite weitverbreitete Verzerrung ist die Beschreibung Gottes als eine Art kosmischer Butler, als jemand, den man rufen kann, um unsere Wünsche zu erfüllen, als jemand, dessen Daseinszweck es ist, uns zu dienen, anstatt wir Ihm.

Die dritte und schlimmste Verzerrung Gottes findet statt, wenn Böses in Seinem Namen verbrochen wird. Dieses ist ein beliebtes Thema der Atheisten, die die Greueltaten der Kirche als Beweis für die moralische Irrelevanz Gottes anführen.[11] Dieses Argument stellt jedoch nur ein kleines Problem für das Judentum dar, denn das Judentum behauptet nicht, daß Glauben an Gott allein gute Menschen oder eine gute Welt erzeuge. Gott ist das Fundament der Moral, um aber eine moralische Person zu werden und eine moralische Welt zu gestalten, müssen zwei andere Verpflichtungen die Verbindung mit Gott begleiten: Engagement für die Vorherrschaft der Moral und der Gebrauch der Vernunft.

Wenn wir aber Gott verneinen, weil gewisse Individuen oder Gruppen Böses im Namen Gottes verbrochen haben, dann müssen wir Gesetze, Wissenschaft, Sex oder jedes andere erstrebenswerte Ziel im Leben ebenso verneinen. Gesetze können Verbrecher ins Gefängnis bringen, aber sie können auch, wie in Nazideutschland und in der Sowjetunion geschehen, Verbrecher an die Macht bringen. Die Wissenschaft kann Millionen heilen, aber sie kann auch Millionen zerstören. Sex kann wunderbar sein, aber es gibt auch Vergewaltigungen. Die Tatsache, daß Menschen in der Lage sind, den Namen Gottes zu pervertieren oder Gesetze, Wissenschaft und Sex zu korrumpieren, bezeugt nur die menschliche Fähigkeit, verderblich zu wirken. Aber daß

wir Gott, Moral und Vernunft pervertieren können, heißt nicht, daß wir ohne sie zurechtkommen.
Deshalb laden wir Atheisten, die sich dieser Kategorie zugehörig fühlen, dazu ein, das jüdische Gotteskonzept zu untersuchen. Das Judentum brachte die Idee des einen Gottes in die Welt. Atheisten werden sehen, daß das anthropomorphische oder das kosmische Butler-Konzept Gottes dem Judentum völlig fremd ist. Als Moses mit Gott konfrontiert wurde, fragte er Ihn nach Seinem Namen. »Ich bin, der Ich bin«, antwortete Gott. Der Jude kann nicht wissen, *was* Gott ist, nur, *daß* Gott ist, und was Gott will.

Atheisten, die Gott verleugnen aus Rebellion gegen ihr Zuhause, ihre Erziehung, ihre Eltern oder gegen eine äussere Autorität

Die Zurückweisung der Religion der Eltern ist ein normaler Schritt im Abnabelungsprozeß von den Eltern. Diese Ablehnung beschränkt sich nicht auf Kinder autoritärer Elternhäuser; es gibt sie ebenso bei Kindern übermäßig liberaler Eltern. Die Kinder sehr milder Eltern werden wahrscheinlich ebenfalls gegen eine äußere Autorität revoltieren. Kinder, denen die Eltern »alles« gegeben haben, halten sich selbst für das höchste Wesen und weisen deshalb alle Notwendigkeit einer höheren Autorität zurück, seien es Eltern oder Schule, sei es Regierung oder Gott.

Atheisten, die Gott verleugnen, weil sie in einer weltlichen Umgebung erzogen wurden und/oder darin leben

Obwohl wenige Atheisten es zugeben, haben viele von ihnen ihre Ansichten über Gott und Religion dort gelernt, wo sie aufwuchsen, und sie haben diese Ansichten selten, wenn überhaupt, hinterfragt. Atheisten haben recht, wenn sie den Glauben vieler religiöser Personen nur als angelernte Haltung abtun, die von zu Hause oder von der sozialen Umgebung übernommen wurde. Aber Atheisten, die es nicht versucht haben, sich intelligenten Gläubigen und ihren Argumenten zu stellen, die ihre Gottesleugnung nicht in verschiedenen Lebenssituationen mit weltklugen, religiösen Menschen getestet haben, mag man genauso abtun.

Deshalb ist der Atheist, der die Wahrheit, ein besseres Selbst und eine bessere Welt sucht, dazu verpflichtet, sich mit religiösen Menschen und religiöser Literatur zu beschäftigen, bevor er sich in ein atheistisches Dogma einschließt. Es sind intellektuelle und moralische Redlichkeit, die eine solche Annäherung verlangen.

Atheisten, die Gott aufgrund persönlicher Leiden oder menschlichen Leidens im allgemeinen verleugnen

Wir können nicht viel zu jemanden sagen, der wegen einer persönlichen Tragödie, wie Tod oder Leiden geliebter Menschen, die Existenz Gottes leugnet. Diesen Menschen müssen wir eine ausgestreckte Hand anbieten, nicht Argumente.

Dennoch stellt das Leugnen der Existenz Gottes wegen persönlicher Schicksalsschläge mehr eine emotionale als eine rationale Antwort auf die Frage nach Gott dar. Unsere Leidensperioden beweisen nicht Gottes Nichtexistenz, genausowenig beweisen unsere Momente der Freude Seine Existenz.

Außerdem müssen wir zwischen zwei Ursachen des Leidens unterscheiden, der menschlichen und der natürlichen Ursache, denn nur letztere hinterfragt direkt Gottes Existenz.

Vom Menschen verursachtes Übel: Hier wollen wir das größte und schrecklichste Problem der Juden heutzutage thematisieren, den Glauben nach Auschwitz. Wie kann man an Gott glauben, nachdem Er es erlaubt hat, daß sechs Millionen Juden, darunter über eine Million Kinder, vergast und verbrannt wurden, daß man Experimente mit ihnen machte, sie einfror und Seifen und Lampenschirme aus ihnen machte? In der Tat gibt es keinen Juden, der diese Frage nicht stellt.

Bevor wir einige Gedanken zu dieser Frage formulieren, müssen wir eine persönliche Bemerkung machen. Obwohl wir (die Autoren) beide nach dem Holocaust in den USA geboren wurden, und obwohl keiner von uns nahe Familienangehörige im Holocaust verloren hat, hat der Holocaust doch den tiefsten Eindruck in unserem Denken hinterlassen. Mit den sechs Millionen starb ein Teil von uns. Trotzdem stellt der Holocaust kein unüberwindliches Problem für unseren Glauben dar. Zunächst bleibt festzuhalten, daß Auschwitz und seine Krematorien nicht von Gott gebaut wurden. Das haben Menschen getan. Menschen, nicht Gott, sind verantwortlich für den Holocaust. Das Judentum bejaht das Prinzip, wonach Menschen Entscheidungsfreiheit haben. Vielleicht würden wir es vorziehen, wenn Menschen als Roboter, die nur Gutes tun, erschaffen wären, statt als Menschen, die auch Böses tun können. Aber das ist nicht möglich, denn nur, wo die Möglichkeit, Böses zu tun, existiert, gibt es auch die Möglichkeit, Gutes zu tun.

Zweitens, wenn der Holocaust uns Juden ein Leugnen der Existenz Gottes nahelegt, wem schreiben wir dann das Überleben des jüdischen Volkes, seine massive Bedeutung für die Welt und die Errichtung des jüdischen Staates zu?

Drittens, der Holocaust macht vielleicht den Glauben an Gott schwierig, aber er macht jeden Glauben an die Menschen unmöglich. Zusammen mit den sechs Millionen Juden und den Millionen anderen Menschen, die von Nazis und Kommunisten ermordet wurden, müssen wir die Doktrin begraben, die es Kommunismus und Nationalsozialismus ermöglichte, aufzusteigen, den Glauben nämlich, daß der Mensch das höchste Wesen sei. Nach Auschwitz und dem Archipel Gulag haben wir zwei Möglichkeiten: den Glauben an den Menschen unter Gott oder den Glauben ans Nichts.

Die Frage, die nach Auschwitz, nach dem Archipel Gulag und anderen ähnlichen barbarischen Akten gestellt werden muß, ist nicht die Frage: »Wo ist Gott?«, sondern: »Wo ist der Mensch?«

Natürliches Leiden: Im natürlichen Leiden (Krankheiten, Erdbeben usw.) stellt sich uns ein viel schwierigeres Problem als im von Menschen verursachten Leiden. Es ist wahr, daß der Mensch die Fähigkeit hat, natürliches Leiden im großen Umfang zu begrenzen und in einigen Fällen sogar zu eliminieren, und der Mensch muß sich deshalb der Verantwortlichkeit für das Vorherrschen des natürlichen Leidens stellen.

Trotzdem geben wir gern zu, daß das Problem des natürlichen Leidens das schwierigste ist, das den gläubigen Menschen beschäftigt. Wir wissen nicht, warum Gott natürliches Leiden erlaubt (oder vielleicht sogar erschaffen hat).

Das bedeutet nicht, daß das Judentum im Angesicht des natürlichen Leidens schweigt. Im Gegenteil, ein ganzes Buch der Bibel, das Buch Hiob, ist diesem Thema gewidmet. Das Buch Hiob berichtet von den schrecklichen Leiden, die ein Mann erduldet, von dem die Bibel betont, daß er besonders gut und gerecht war (dadurch wird die Frage seines Ldens noch verschärft), und es schildert ausführlich die Fragen und Erklärungen Hiobs und seiner Freunde hinsichtlich menschlichen Leidens und Gottes. Das Buch Hiob fragt: Wenn Gott gut ist, warum leiden dann gute Menschen?
Hiobs Freunde vertreten die Meinung, daß das Leiden Hiobs (Hiob als Symbol für alle Menschen) eine Strafe für seine Sünden sei. Aber die Bibel, d. h. das Judentum, weist diese Ansicht kategorisch zurück.
Warum also leiden gute Menschen? Nach 37 Kapiteln voller Fragen und Herausforderungen, voll Bitterkeit und Tränen gibt Gott Hiob, und damit auch uns, Seine Antwort:

Gott entgegnete Hiob aus dem Sturmwind und sprach:

»Auf, gürte wie ein Mann die Lenden,
ich will dich fragen, antworte mir.
Wo warst du, als ich die Erde gründete?
Sprich, wenn du soviel weißt.
Wer erdachte ihre Dimensionen? Weißt du es? (...)
Hast du jemals einen Morgen heraufbefohlen?
Haben sich dir des Todes Pforten offenbart?
Hast du des Toddunkels Tore gesehen?
Hast du die Ausdehnung der Welt untersucht?
Sag an, wenn du alles weißt!
Kannst du (...) den Bären und seine Jungen leiten?
Wer hat den Vögeln Weisheit eingegeben? (...)«
Gott antwortete Hiob und sprach:
»Will mit dem Allmächtigen der Tadler rechten?
Er, der Gott rügt, soll darauf antworten.«
Hiob antwortete Gott und sprach:
»Siehe, ich bin gar gering, was könnte ich Dir erwidern?
Ich lege meine Hand auf meinen Mund.

Ich sprach einmal, ich werde nichts antworten (...)
Ich sprach von Dingen, die ich nicht verstehe,
von Wundern jenseits meines Wissens (...)«
(Ijob 38,1–4;12,17–18,32; 40,1–5; 42, 3)

Die Antwort Gottes? Gott ist Gott, und wer sind wir, daß wir annehmen können, alles zu verstehen? Wie ein altes hebräisches Sprichwort sagt: »Wenn ich Ihn (Gott) kennen würde, wäre ich Er.« Wer »erschuf die Welt«, Gott oder wir? Zugegeben, dies mag nicht die Antwort sein, auf die wir hofften, aber welche Antwort würden wir uns wünschen? Wenn Gott Gott ist und der Mensch Mensch, kann es dann überhaupt eine andere Antwort geben, als die, die Hiob gegeben wurde?
Sicherlich hätte das Judentum ein »volkstümlicheres« Bild Gottes präsentieren oder die Wirklichkeit des Leidens verleugne (wie es in den östlichen Philosophien getan wird) oder menschliches Leiden theologisch als göttlich verordnete Strafe erklären können, aber das tut das Judentum nicht.
Für einen vernünftigen und denkenden Menschen ist diese Aufrichtigkeit des Judentums, der Unwille einen Kompromiß mit der Natur Gottes zu schließen, obwohl es Anhänger zu gewinnen wünscht, sehr beruhigend. Im Judentum können wir die Existenz Gottes bejahen, ohne deswegen auf Vernunft oder Nachfragen verzichten zu müssen. In der Tat, für den Juden sollten Vernunft und Nachfragen letzten Endes eine Quelle der Bestätigung dafür sein, daß es einen Gott gibt, und daß das Leben einen Sinn hat, – und, ja, sogar das Leiden.

Atheisten, die Gott verleugnen, weil sie beide Seiten des Problems erforscht haben

Es bleibt eine kleine Minderheit von Atheisten, die keiner der vier Kategorien zuzuordnen ist, übrig. Diese Individuen sind zu dem Schluß gekommen, daß es keinen Gott gibt, nicht weil sie atheistische Doktrinen, die ihnen vermittelt wurden, blind angenommen haben, nicht weil Gott inen albern präsentiert wurde oder als persönliche Reaktion auf einer Tragödie, sondern nach Bemühungen, zu glauben und ein religiöses Leben zu führen, nach der Lektüre intelligenter Darstellungen eines Gotteskonzepts und nachdem sie mit klugen Gläubigen darüber diskutiert haben.

Offen gestanden haben wir solche Leute noch nie getroffen, obwohl wir durch ihre Veröffentlichungen wissen, daß es sie gibt. Diese wenigen Atheisten schreiben die Existenz aller Dinge aber immer noch dem Zufall zu, und, was das wichtigste ist, sie stellen sich immer noch der größten Herausforderung des Atheismus: Atheismus macht Moral subjektiv. Wie Dostojewski in *Die Brüder Karamasow* schreibt: »Wo es keinen Gott gibt, ist alles erlaubt.« Der Atheismus leugnet Gott, aber was bejaht er?

Natürlich lautet die Antwort, daß der Atheismus nichts bejaht – das heißt jedoch nicht, daß Atheisten nichts bejahen. Im Gegenteil, Atheisten ersetzen Gott durch selbstgewählte Götter: Humanität, Kunst, Vernunft, Staat, säkulare Ideologien, Wissenschaft, Fortschritt, Revolution, Kultur, Erziehung, Glück, das Selbst ... Das Thema ist nicht Glaube oder Unglaube, sondern Glaube an Gott oder an andere Götter.

Nachdem wir ein hohes Lehrgeld in Form menschlichen Lebens und Leidens bezahlt haben, haben wir jedoch gelernt, daß all diese anderen Götter versagt haben, daß ohne Gott all diese Ersatzwerte bedeutungslos und letzthin schrecklich gefährlich sind, denn sie werden zum Selbstzweck und sind jenseits von Gut und Böse.

Abschließende Bemerkung

Der Atheismus ist eine rational nicht mehr (und scheinbar zunehmend weniger) überzeugende Antwort auf die Mysterien der menschlichen Existenz und des Universum. Dazu Voltaire, ein unentwegter Gegner der organisierten Religion: »Die Auffassung, daß es einen Gott gibt, ist problematisch, aber das Gegenteil ist absurd.«

Der Atheismus leidet nicht nur an einem Mangel an Antworten und an Amoralität, er ist auch für die meisten seiner Anhänger eine intellektuell faule Doktrin. Trotz der Tatsache, daß der

Atheismus für viele Menschen gewöhnlich mit Intellekt verbunden ist, hat die Mehrheit der Atheisten ihren Glauben nicht mehr hinterfragt als der einfachste Gläubige seine Glaubensgrundsätze.

Viele Juden heute haben Zweifel an Gottes Existenz, aber sie leben, als ob Gott nicht existierte. Sie sind Agnostiker, leben aber wie Atheisten. Es gibt jedoch zwingende intellektuelle, moralische und existentielle Gründe so zu leben, als ob Gott existiert – ein jüdisches Leben zu leben, auch wenn man Zweifel hat.

Theoretisch mag man Agnostiker sein, aber in der Praxis lebt man entweder ein jüdisches oder ein säkulares Leben. Natürlich ist es das Hauptanliegen dieses Buches, wie wir im nächsten Kapital sehen werden, für jüdisches Leben zu kämpfen. Durch das Praktizieren des Judentums, sogar wenn man mit Zweifeln kämpfen muß, wird man ein guter Jude.

Frage 2

Warum brauchen wir eine organisierte Religion oder jüdische Gesetze? Ist es nicht genug, ein guter Mensch zu sein?

». . . Der Zweck der Torahgesetze ist es, Mitleid, Güte und Frieden in der Welt zu fördern.«
MOSES MAIMONIDES (1135–1204),
Yad Hazakah, Hilkhot Shabbat 2,3

Organisierte Religion brauchen wir aus demselben Grund, aus dem wir organisierte politische Parteien oder andere soziale Bewegungen benötigen. Sei es, um nationale Unabhängigkeit zu erlangen, einen bestimmten Kandidaten zu wählen, oder, wie im Falle des Judentums, durch ethischen Monotheismus die Welt zu verbessern – Menschen mit ähnlichen Werten und Zielen müssen sich organisieren, um Wirkungsmöglichkeiten zu entfalten.
Wenn wir die Notwendigkeit der Organisation in so vielen sozialen Bereichen anerkennen, warum erscheint es dann vielen Leuten unlogisch oder sogar nicht wünschenswert, auch die Religion zu organisieren?
Viel liegt am Verständnis, das die meisten Leute von organisierter Religion haben bzw. nicht haben. Sie betrachten Religion als eine Institution, die Gebet und andere Rituale reguliert und gewisse Glaubensgrundsätze vorschreibt: Folglich meinen viele Leute, daß Religion eine »Privatangelegenheit« sei oder sein soll, und daß Privatangelegenheiten nicht organisiert werden müssen.
Es mag sehr wohl sein, daß viele Menschen einer Religion ausgesetzt sind, die nur aus Gebet, Ritualen und Glauben besteht, und in solchen Fällen stimmen wir damit überein, daß organisierte Religion größtenteils organisierte Irrelevanz ist. Aber diese Art Religion hat wenig mit dem Judentum zu tun. Das Judentum will Menschen organisieren, um die Welt zu verbes-

sern. Das Judentum ist eine alles umfassende, Taten und Werte hervorbringende Lebensweise, deren Ziel es ist, ein moralisches und heiliges[12] Volk[13] zu schaffen, das die Welt moralisch verbessern soll. Mittel dazu sind die Gesetze *(Mitzvot)* des Judentums. Um dieses Ziel zu erreichen, müssen sich alle beteiligten Einzelpersonen organisieren. Einige haben das vor ungefähr 3500 Jahren getan und sind seitdem als Juden bekannt. Das Judentum ist keineswegs eine »organisierte Religion« im gewöhnlichen Sinn. Die Juden sind eine organisierte Gruppe von Menschen mit unterschiedlichem rassischen und nationalen Hintergrund, die sich der jüdischen Art und Weise, die Welt zu bessern, widmet.

Ist es nicht genug, ein guter Mensch zu sein?

Der Begriff »guter Mensch« wird heutzutage oft nicht richtig gebraucht. Nachdem wir für die Annahme eines religiös-ethischen Systems gesprochen haben, werden wir oft von Fragestellern herausgefordert, die behaupten, »gute Menschen« zu kennen, »die nicht an eine Religion glauben« (und sie deshalb vermutlich nicht brauchen). Wenn man sie nach der Definition eines guten Menschen fragt, antworten diese Leute generell: »Jemand, der niemandem weh tut.« Wir sind davon überzeugt, daß die meisten Menschen eine gute Person als jemanden definieren, der niemandem weh tut. Diese Definition ist jedoch falsch, so populär sie auch sein mag. Ein Mensch, dessen Verhalten nur daraus besteht, daß er niemanden verletzt, ist nicht gut; so ein Mensch ist lediglich nicht schlecht. Ein guter Mensch zu sein erfordert das aktive *Tun* des Guten. Es ist nicht genug, nur davon Abstand zu nehmen, anderen menschlichen Wesen weh zu tun; man muß für sie aktiv werden. »Steh nicht daneben, wenn das Blut deines Nachbarn vergossen wird.« (3 Mose 19,16) Auch ist es nicht ausreichend, selbst kein Unrecht zu tun, denn um gut zu sein, muß man Ungerechtigkeiten, die andere begehen, aufdekken und in Ordnung bringen. »Was recht ist, dem sollst du nachjagen (...)« (5 Mose 16,20); »Und du sollst das Böse aus deiner Mitte wegtun (5 Mose 17,7 und andere Stellen).

Es ist nicht genug, das Gute als »andere nicht zu verletzen« zu definieren. Das wird klar durch die allgemeine Einschätzung des Verhaltens der meisten Deutschen unter der Naziherrschaft bewiesen. Laut obiger Definition waren die meisten Deutschen in der Zeit des Holocaust gute Menschen, da sie niemanden verletzt haben. Doch die meisten von uns halten diese Deutschen nicht für gute Menschen; dadurch wird deutlich, daß es unmöglich ist, eine gute Person als jemanden zu definieren, der niemanden verletzt.

Man muß nicht etwas Schlechtes gemacht haben, um schlecht zu sein, es reicht aus, gar nichts tun.

Deshalb sind im Judentum so viele positive Gesetze formuliert, die Gutes fordern. Dem Juden ist es befohlen, Geld für gute Zwecke zu geben, Klatsch zum Schweigen zu bringen, Kranke zu besuchen. Im Gegensatz dazu sind säkulare Gesetze fast ausschließlich negativ formulierte Gesetze, die von uns fordern, kriminelle Taten nicht zu begehen. Es gibt sehr wenig säkulare Gesetze, die gute Taten fordern (wir wollen solche Gesetze auch nicht verfügt sehen, denn es gibt die Konstellation religiöser Individuen und einer nichtreligiösen Regierung).

Das Judentum hat das Gutsein weitmöglichst entwickelt und systematisiert. (Siehe z. B. die Gesetze für Wohltätigkeit im Anhang). Wenn man all diese moralischen Imperative betrachtet, wird deutlich, daß die meisten Menschen nur im Sinne der negativen Definition, »niemanden zu verletzen«, gut sind, während ihr Gutsein, das laut Definition des Judentums aktives Handeln fordert, Mängel aufweist – das Handeln fordert gegenüber kambodschanischen und vietnamesischen Bootsflüchtlingen, geistig behinderten Kindern, russischen Juden und anderen sowjetischen Dissidenten, das fordert, den Totalitarismus zu bekämpfen und aktiv für eine gute Sache einzustehen, die nicht mit dem Alltagsleben verbunden ist. Die meisten von uns sind ganz damit zufrieden, ein Leben zu führen, das nur uns selbst gewidmet ist.

Aus diesem Grund braucht die große Mehrheit der Menschen ein System ethischer Gesetze. Auch die Minderheit derjenigen, die sich vorwiegend mit moralischen Anliegen beschäftigen, könnte solch ein Gesetz gut gebrauchen. Wie das Judentum vor langer Zeit erkannte und wie der Mensch des 20. Jahrhunderts erst jetzt begreift, *reichen moralische Ideen nicht aus, um moralische Individuen und eine moralische Welt zu schaffen.* Die Ideale des Judentums von einem weltweiten Frieden und von Gerechtigkeit werden heute faktisch universell anerkannt, und zahlreiche Ideologien (z. B. Christentum, Marxismus, Sozialismus, Humanismus) haben sich angeschickt, diese Ideale zu verwirklichen, allerdings ohne ihre Anhänger auf ein gesetzlich-ethisches System wie das des Judentums zu verpflichten. Alle Grausamkeiten, die im Namen von Idealen verübt wurden, legen ein tragisches, aber unwiderlegbares Zeugnis davon ab, daß Ideale nicht genug sind, und daß ein detailliertes System von ethischen Gesetzen, die jedes Individuum verpflichten, unentbehrlich ist, um Frieden, Gerechtigkeit und Brüderlichkeit zu schaffen.

Um sich zu verbessern – vom Sport bis zur Kunst – ist Training notwendig. Warum also sollte das Gutsein nicht trainiert werden?

Es gibt natürlich jede Menge Leute, die das jüdische Gesetz nicht befolgen und aktiv gut sind. Obwohl wir diesen die Annahme des Judentums und seiner Gesetze zur größeren ethischen Vervollkommnung empfehlen, lehrt das Judentum, daß dieses Gutsein für den Nichtjuden »genug« sei[14] und daß ein solcher Jude Anteil an der kommenden Welt« habe (Tosefta Sanhedrin 13,2) und, wenn nötig, berechtigt ist, von der jüdischen Gemeinde unterstützt zu werden (3 Mose 25,35 f). Nichtjuden sind nicht verpflichtet, die Bürde des Judentums und seiner Gesetze anzunehmen, (obwohl wir uns freuen, wenn sie es tun).

Juden jedoch sind verpflichtet, die jüdischen Gesetze zu befolgen, denn sie müssen so gut, wie es einem Menschen möglich ist, werden, müssen heilig werden und das jüdische Volk und seine Mission am Leben erhalten. Dieses Ziel zu erreichen, ist die Aufgabe des jüdischen Gesetzes, das wir im folgenden verständlich machen wollen.

Jüdisches Gesetz

Es gibt vier Kategorien des jüdischen Gesetzes. Jedes jüdische Gesetz fällt in eine oder mehrere dieser Kategorien.[15]

KATEGORIE	ZWECK
Reflexive Gesetze:	Um denjenigen zu erheben, der das Gesetz ausführt.
Gesetze der Ethik:	Um die moralische Behandlung von anderen sicherzustellen
Gesetze der Heiligkeit:	Um menschliche Handlungen vom Tierischen zum Göttlichen zu erheben.
Nationale Gesetze:	Damit der Jude sich mit der jüdischen Nation und ihrer Vergangenheit identifiziert.

Reflexive Gesetze

Jede Handlung, die wir vollziehen, hat eine Wirkung auf uns. Wir verlieren das oft aus dem Blickwinkel, aber Tatsache ist, daß unsere Taten uns ebenso beeinflussen, wie wir unsere Taten beeinflussen.

Jedes jüdische Gesetz beeinflußt den Ausführenden, aber es gibt gewisse jüdische Gesetze, die fast ausschließlich auf den Handelnden wirken wollen. Das naheliegendste Beispiel ist das Gebet. Sein Hauptzweck ist, den betenden Menschen anzurühren. Deshalb ist das Wort »beten«, im Hebräischen *l'hitpallel,* ein *reflexives* Verb. Es bedeutet: »sich richten oder sich prüfen«. *Gott braucht unsere Gebete nicht, aber wir.* Ein Mensch, der sich regelmäßig Zeit nimmt, sich zu prüfen, ist unweigerlich von dieser Handlung betroffen.

Ein anderes Beispiel eines reflexiven jüdischen Gesetzes ist das Gesetz der *Zizit,* der Schaufäden am Saum der Kleidung. Der reflexive Zweck des Gesetzes ist in der Torah deutlich formuliert: »Und Gott sprach zu Moses und sagte: Rede mit den Israeliten und sprich zu ihnen, daß sie und ihre Nachkommen sich Quasten machen an den Zipfeln ihrer Kleider und blaue Schnüre an die Quasten. (...) sooft ihr sie anseht, sollt ihr an alle Gebote des Herrn denken und sie tun.« (4 Mose 38 f)

Ethische Gesetze

Der höchste Zweck aller jüdischen Gesetze ist es, ein gutes Volk zu schaffen. Zu diesem Zweck muß Gutsein definiert und auch durch Gesetze verfügt sein. Das hat das Judentum getan. Hunderte von *Mitzvot* (Geboten) definieren die Standards der Moral und gebieten dem Juden, sie in die Praxis umzusetzen.

Einige dieser ethischen Gesetze, wie die letzten sechs Gebote (die Eltern zu ehren, nicht zu morden, zu ehebrechen, zu stehlen, vor Gericht zu lügen oder zu begehren), haben fast alle Zivilisationen angenommen. Die meisten anderen ethischen *Mitzvot* wurden jedoch nicht übernommen. Es ist z. B. eine *Mitzvah* oder religiöse Pflicht, zehn Prozent des jährlichen Einkommens wohltätigen Zwecken zukommen zu lassen. Dies ist ein deutliches Beispiel der Notwendigkeit, das Gutsein näher zu definieren. Dem Judentum würde es nicht genügen, dem Gläubigen nur zu gebieten, wohltätig zu sein – ein spezifisches Minimum mußte gesetzt werden, damit wir nicht mit zu wenig »wohltätig« sind.

Im Talmud gibt eine es *Mitzvah,* die es einem Juden verbietet, einen Geschäftsinhaber nach dem Preis einer Ware zu fragen, wenn er weiß, daß er diese nicht kaufen will (Mishnah Bava Metziah 4,10), weil er damit ohne Grund die Hoffnungen des Ladenbesitzers wecken würde. Natürlich ist es den Juden erlaubt, Preise zu vergleichen, sie sind jedoch verpflichtet, die Gefühle der Geschäftsinhaber zu berücksichtigen, bevor sie nach Preisen fragen. Dieses spezielle Gesetz gehört nicht zu den wichtigsten Gesetzen des Judentums, aber wenn man Hunderte solcher Gesetze zusammenzählt, die Rücksicht auf unsere Mitmenschen verlangen, beginnt man zu verstehen, warum Juden die Tendenz haben, von moralischen Anliegen besessen zu sein.

Es existiert sogar ein ganzes Gesetzeswerk, das einzeln die Gesetze des Judentums aufzählt, die erlaubte und verbotene Reden regeln. Ist es uns erlaubt, über jemanden alles zu sagen, was wir wollen, auch wenn es wahr ist? Das Judentum sagt nein. *Lashon ha-rah,*

hinter dem Rücken Böses zu reden, ist eine schwere Sünde im Judentum. Es gibt auch viele jüdische Gesetze, die die Behandlung von Tieren regeln. Um ein paar Beispiele zu nennen: Ein Jude muß seine Tiere füttern, bevor er selbst ißt (Talmud Berakhot 40A), er muß seine Tiere am Schabbat ruhen lassen, das Jagen unterlassen und darf die zum Verzehr erlaubten Tiere nur in einer strikt humanen Weise schlachten.
Es gibt Myriaden anderer ethischer jüdischer Gesetze: Sie regeln Geschäftsbeziehungen, die Behandlung von Senioren, die Versorgung der Schwachen, der Kranken, der Armen und Trauernden und das Verhalten in allen anderen Lebensbereichen. Es ist uns nicht einmal erlaubt, uns über den Fall unserer Feinde zu freuen: Schon kleine Kinder werden während der häuslichen Passah-Feier gelehrt, die Erwachsenen nachzuahmen und zehn Tropfen Wein aus ihrem Glas zu nehmen – aus Mitleid für die antiken Ägypter, die unter den zehn Plagen gelitten haben.
Es ist genauso schwer, ein guter Mensch, wie ein guter Künstler, zu werden. Deshalb war das Einhalten der jüdischen Gesetze der Ethik nie leicht. Das Resultat aber ist eineNation, die daran arbeitet, die Welt zu optimieren.

Die Gesetze der Heiligkeit

Das Judentum fordert, daß die Juden sowohl ein heiliges als auch ein moralisches Volk sind: »Ihr sollt heilig sein, denn Ich, der Herr, euer Gott, bin heilig« (3 Mose 19,2). Die Gesetze der Heiligkeit dienen dem Zweck, unsere Handlungen und sogar unsere Zeit zu heiligen.
Das menschliche Wesen ist nach dem Bild Gottes erschaffen, aber der Mensch ist auch ein Tier. Deshalb ist das Verhalten des Tieres natürlich, wohingegen der Mensch dazu angehalten werden muß, wie Gott, (heilig) zu handeln. Deshalb gibt es soviele *Mitzvot,* die alle die menschlichen Aktivitäten regeln, die am tierähnlichsten sind. Anstatt unsere Instinkthandlungen zu verleugnen oder herabzusetzen, versucht das Judentum, sie durch seine Gesetze der Heiligkeit zu heiligen.
Verhalten, die wir offensichtlich mit den Tieren teilen und deshalb mit einer großen Anzahl von *Mitzvot* belegt sind, sind Essen

und Sex. Wir können essen oder sexuelle Beziehungen pflegen ganz genau wie Tiere es tun, oder wir können der Art und Weise, wie wir diese Aktivitäten ausüben, eine andere Richtung geben. Sogar im nichtreligiösen Leben erkennen wir, daß es möglich und nicht wünschenswert ist, wie ein Tier zu handeln. Wir sagen z. B., daß jemand »wie ein Schwein ißt« oder vergleichen eine Person, die viele sexuelle Partner hat, mit Kaninchen.

Um den Akt des Essens zu erheben, die häufigste unserer tiergleichen Tätigkeiten, schreibt das Judentum zahlreiche *Mitzvot* vor. Der Jude muß zuerst seine Hände waschen (sowohl rituell als auch als hygienische Maßnahme), einen Segenspruch über das Waschen sprechen (»Gelobt seist Du, Gott ... *der uns durch Seine Mitzvot geheiligt hat* und uns befohlen hat, unsere Hände [vor dem Essen] zu waschen«) und dann ein Wort der Dankbarkeit über dem Essen rezitieren. Er/Sie ist gehalten, am Tisch über der Torah verbundene (moralische oder heilige) Angelegenheiten zu sprechen und nach dem Mahl ein Wort des Dankes zu sagen. Im Gegensatz zum Tier darf der Jude nicht essen, was er will. Die Gesetze der *Kashrut* beschränken die Ernährung eines Juden auf nur wenige Tiere.[16]

Was sexuelle Beziehungen betrifft, versucht das Judentum gleichfalls zu heiligen, was natürlicherweise tiergleich ist. Die Zehn Gebote verbieten Ehebruch. Und sogar in einer Ehe erlaubt das jüdische Gesetz sexuelle Beziehungen nicht immer, wenn die Lust dazu aufkommt. Schon vor 2000 Jahren verbot der Talmud dem jüdischen Mann, gegen den Willen seiner Frau Sex mit ihr zu haben. Außerdem sind beide Partner verpflichtet, sich jeden Monat für eine bestimmte Zeit sexueller Kontakte zu enthalten. Wenn diese Bedingungen erfüllt sind, betrachtet das Judentum den Geschlechtsakt nicht als tiergleich; es sieht ihn vielmehr als Quintessenz der Heiligkeit. Tatsächlich legen die Rabbis es Ehepaaren nahe, sich am Schabbat zu lieben. Der mittelalterliche *Iggeret ha-Kodesch,* der dem großen Bibelgelehrten des 13. Jahrhunderts, Nachmanides, zugeschrieben wird, faßt die jüdische Haltung mit diesen Worten zusammen: »Wenn sich ein Mann mit seiner Frau im Geiste der Heiligkeit und Reinheit vereint, ist die göttliche Gegenwart mit ihnen.«

Die jüdischen Gesetze der Heiligkeit heiligen nicht nur Handlungen, sie heiligen auch die Zeit: Sie schreiben das Einhalten des Schabbat und der jüdischen Feiertage und Feste vor.
Um das jüdische Konzept der Heiligung der Zeit und auch um den Unterschied zwischen religiösem und säkularem Lebensstil zu erklären, wollen wir das jüdische Neujahr *(Rosh Ha-Shanah)* mit der säkularen Feier des 1. Januars vergleichen. Während das jüdische Neujahr zwei Tage dauert, denen sich zehn Tage ethischer und spiritueller Seelenforschung anschließen, die am Yom Kippur, dem Tag der Versöhnung enden, ist es Sinn und Zweck des säkularen Neujahrsabends und -tages, Parties zu feiern und Spaß zu haben. Das jüdische Neujahr, obwohl es natürlich auch ein Festtag ist, ist vor allem eine Zeit der Selbsterkenntnis. Die Eigenarten des jüdischen Neujahrs sind den ganzen Tag über spürbar, nicht nur wenn die Juden in der Synagoge sind. Dies kann größtenteils dem jüdischen Gesetz zugeschrieben werden, das die Verwendung von Geld an Feiertagen verbietet. Wenn es am säkularen Neujahr verboten wäre, Geld auszugeben, wäre es für die Leute unmöglich, zu feiern. Daß der Vergleich nicht zwischen jüdisch und nichtjüdisch gezogen wird, sondern zwischen religiös und säkular, wird sichtbar durch die verschiedene Art und Weise, in der säkulare und religiöse Juden Rosh Ha-Shanah feiern. Für säkulare Israelis ist Rosh Ha-Shanah ein hebräischer 1. Januar: ein nationaler Feiertag für Ausflüge, Parties und Spaß.
Das jüdische Gesetz gibt uns die Möglichkeit, einen Aspekt der Heiligkeit in scheinbar triviale Ereignisse unseres Lebens zu bringen, oder poetischer, in den Worten Abraham J. Heschels: »Es gibt uns die Möglichkeit, das Unendliche wahrzunehmen, selbst wenn wir das Endliche ausüben.«
Moral gegen Heiligkeit. Eine abschließende Bemerkung: Oft werden Moral und Heiligkeit miteinander verwechselt. Sie sind jedoch nicht dasselbe, und ihre Verwechslung verhindert, daß man diesen Idealen näherkommt. Etwas mag unheilig sein oder aber zu den jüdischen Gesetzen der Heiligkeit im Gegensatz stehen, ohne deshalb notwendigerweise unmoralisch zu sein – z.B. »wie ein Schwein zu essen.« Natürlich gilt der Umkehrschluß nicht: Ein unmoralischer Akt wie Mord ist immer auch ein

unheiliger Akt. Es ist deshalb möglich, moralisch, aber nichtheilig zu handeln, aber es ist unmöglich, unmoralisch zu handeln und doch heilig zu sein. Die ethischen Gesetze sind die wichtigsten Gesetze des Judentums und müssen dementsprechend gelehrt werden.[17] Die Gesetze der Heiligkeit sind von höchster Bedeutung und wesentlich für das jüdische Leben, aber Jesaja sagt: »Der heilige Gott wird durch Gerechtigkeit [nicht Heiligkeit] geheiligt« (Jes 5,16).

Nationale Gesetze

Die letzte Kategorie der jüdischen Gesetze ist nationaler Natur. Das jüdische Volk hat, wie alle anderen Völker auch, ureigene Praktiken entwickelt, mit denen es sich identifiziert und der Ereignisse in seiner Geschichte gedenkt.

Zu den bekanntesten nationalen Gesetzen des Judentums gehört das Essen der *Matze* während des Passahfestes. Als die Juden aus der ägyptischen Sklaverei befreit wurden, hatten sie nicht genügend Zeit, Brot zu backen und aßen stattdessen ungesäuertes Brot, *Matzah.* 3200 Jahre später essen wir immer noch kein Brot an dem Feiertag, der den Auszug der Juden aus Ägypten feiert. Ebenso essen die Juden am *Pesach Seder* (eine besondere Passah-Feier) bittere Kräuter, um sich so mit jenen Juden zu identifizieren, die die Versklavung in Ägypten erlitten haben. Der Pesach Seder ist eine nationale *Mitzvah* – dies erklärt, warum es das am meisten befolgte Ritual unter säkularen Juden ist.

Ein anderes nationales Gesetz verfügt für den 9. Av, dem Nationaltrauertag der Zerstörung der zwei jüdischen Staaten und der Heiligen Tempel im Jahr 586 v. d. Ztr. und 70 n. d. Ztr., das Fasten. Von froherer Natur sind die Feiertage *Chanukka* und *Purim,* die beide den Sieg der jüdischen Nation über ihre Unterdrücker feiern.

Die meisten nationalen Feiertage sind Gedenktage an Ereignisse der entfernten Vergangenheit, aber es gibt zwei, deren Anlaß Ereignisse dieses Jahrhunderts waren – *Yom Ha-Atzma'ut,* am 5. Iyar (im Mai), der die Gründung des Staates Israel im Jahr 1948 feiert und *Yom Ha-Shoah,* am 27. Nissan (im April), der an den Holocaust erinnert.

Während die meisten jüdischen Gesetze genau unter eine oder zwei der jüdischen Gesetzeskategorien fallen, enthalten zwei extrem wichtige Einrichtungen des Judentums, der Schabbat und die Kaschrut, Gesetze, die unter alle vier Kategorien fallen.

Schabbat

Der Schabbat ist ein einzigartiger Beitrag des Judentums zur Zivilisation. Seine Einhaltung wird mit dem vierten Gebot befohlen, was in den Augen des Judentums seine Bedeutung zeigt. Der Schabbat und seine vielen Gesetze stellen den Versuch des Judentums dar, an einem Tag der Woche einen Vorgeschmack des messianischen Zeitalters zu schaffen.

Um den Schabbat zu verstehen, muß man zuerst anerkennen, daß Zweck des Schabbat ist, jeden siebten Tag zu heiligen (2 Mose 20,8) und nicht, uns auszuruhen. Wenn der Zweck des Schabbat das Ausruhen wäre, dann wäre derjenige, der von Freitagabend bis Samstagnacht durchschläft, als jemand zu betrachten, der die Schabbatgesetze befolgt hat. Das Ausruhen ist aber nur ein Nebenprodukt des Schabbat.

Um den Zweck des Schabbat zu erreichen, muß man die Schabbatgesetze befolgen. Durch Einhalten der Schabbatgesetze wird der Tag des Schabbat ein Tag des Friedens auf Erden.

Frieden in uns selbst

Ein Ziel der Schabbatgesetze ist es, einen Zustand des inneren Friedens zu schaffen, indem wir von aller Arbeit abgehalten werden, die nicht darauf zielt, den Schabbat zu heiligen und uns ganz auf unseren eigenen Geist und Körper verlassen. Um dies zu erreichen, wollen die Schabbatgesetze Arbeit an diesem Tag und den Gebrauch äußerlicher Quellen der Energie verhindern; zum allgemeinen Verbot der Arbeit tritt das Verbot des Radiohörens, des Fernsehens und der Benutzung von Maschinen.

Wenn Menschen nicht fernsehen, keine Maschinen benutzen oder sich nicht auf andere, äußerliche Quellen der Kreativität verlassen, sind sie gezwungen, auf sich selber als Quelle der Kreativität zurückzugreifen. Alle Kreativität am Schabbat sollte

aus dem Inneren des Menschen kommen, nicht aus äußeren Quellen und nicht aus der Technik. Z. B. sollte man lesen, aber nicht schreiben. Schreiben ist verboten, weil es sich auf ein äußerliches Vehikel der Kreativität verläßt, einen Kugelschreiber oder Bleistift. Beim Schreiben verläßt man sich auf ein Schreibgerät, um neue Zusammenhänge zu schaffen, aber wenn man liest, findet alle Kreativität im Inneren des Menschen (in seinem oder ihrem Geist) statt, denn die Worte sind ja schon erschaffen.
Die ganze Woche über verlassen wir uns auf äußerliche Vehikel der Kreativität, des Vergnügens usw., besonders in Form der Technik, ja, werden oft zu ihren Sklaven. Am Schabbat jedoch müssen wir zu uns selbst zurückkehren und uns von der Abhängigkeit von der Technik befreien. Während die meisten Männer und Frauen sich ein Leben ohne Autos, Fernsehen oder Telefon nicht vorstellen können, schwelgt jemand, der den Schabbat einhält, von solch einem Leben. Er oder sie verbringt ein Siebtel des Lebens (zehn volle Jahre, wenn er/sie siebzig Jahre alt wird), ohne sich auf oben genannte Dinge zu verlassen.[18]
Der Schabbat veranlaßt das Individuum, über die bedeutendsten Probleme, die ihn selber und die Technik betreffen, nachzudenken. Nachdem der Mensch sechs Tage mit Arbeit verbracht hat, schaffend, die Technik benutzend und erforschend, ist er am siebten Tag davon befreit und kann über die Frage nachdenken: Wozu Arbeit und Technik? Wofür habe ich die ganze Woche gearbeitet?

Frieden unter den Menschen

Da wir uns nicht auf das Unbelebte verlassen dürfen, zwingt uns der Schabbat, Beziehungen zu den Lebenden zu suchen, zuerst zu uns selbst und dann zu unserer Familie und zu Freunden. Wir, die wir den Schabbat erfahren haben, können eine Wirkung des Schabbatgebots bezeugen: die Pflege und Festigung der Familieneinheit und von Freundschaften.
Diejenigen, die den Schabbat befolgen, tun das unweigerlich mit der Familie und/oder mit Freunden. Durch das Verbot der technischen Gemeinschaft zwingen uns die Schabbatgesetze, menschliche Gemeinschaft zu suchen. Die Schabbatmahlzeiten sind

dafür ein typisches Beispiel. Das Freitagabendessen in einem Haus, in dem der Schabbat befolgt wird, dauert geraume Zeit: Alle Teilnehmer singen und reden stundenlang. Keiner hat eine Verabredung wie an anderen Tagen der Woche oder läuft am Ende der Mahlzeit davon. Wenn man aufhört zu reden, nur um ein Basketballspiel oder einen Film anzusehen, bedeutet das nichts anderes, als daß Basketball und Film wichtiger als Familiendiskussionen und Judentum sind.

Wenn wir über die Auswirkungen des langen Freitagabendessens auf die Familie reden, reagieren viele Leute mit Neid und einem Gefühl, daß so etwas in ihren Familien nicht klappen würde. Sie fragen sich häufig, ob ihre Familie genug Gesprächsstoff finden würde, um zwei oder drei Stunden miteinander zu reden, ein Problem, das unglücklicherweise heutzutage auf die meisten Leute zutrifft. Ein allgemeines Symptom für den Niedergang des modernen Familienlebens ist die Unfähigkeit der Familienmitglieder, miteinander über wichtige Angelegenheiten zu kommunizieren.[19] Der Schabbat ist also nicht nur ein Tag der Einigkeit und Erhebung für eine Familie, sondern auch ein Tag, der eine Familie herausfordert, sich mit der Frage zu konfrontieren, die viele Familien lieber vermeiden: Können die Mitglieder der Familie miteinander kommunizieren?

In Familien, die die Schabbatgesetze befolgen, haben Eltern und Kinder eine bessere Beziehung zueinander, und was die Beziehung zwischen Mann und Frau betrifft, ist der Nutzen des Schabbats tiefgreifend.

Frieden zwischen Menschen und Natur

Die Schabbatgesetze sichern, daß die Menschen zur Natur zurückkehren und sie nicht mißbrauchen. Um diesen friedvollen Zustand zu erreichen, wollen die Schabbatgesetze jede Einmischung in die Natur verhindern. Sowohl Erschaffen als auch Zerstören sind am Schabbat verboten.[20] Man sollte zum Beispiel kein Feuer machen (deshalb wird am Schabbat nicht geraucht und nicht gekocht) und kein Feuer löschen (natürlich nur, sofern das Feuer nicht gefährlich ist), keinen Baum pflanzen (Erschaffung) und kein Blatt von einem Baum reißen (Zerstörung).

Einen Tag pro Woche regeln Schabbatgesetze, daß wir nicht über die Natur herrschen. Andere Gesetze bestimmen, daß wir an diesem Tag nicht über unsere Mitmenschen oder über Tiere herrschen.

Frieden zwischen Menschen und Gott

»Der Schabbat,« so sagt uns der Torah, »gehört Gott.« Die ganze Woche tun wir, was wir wollen, aber am Schabbat denken wir darüber nach, was Gott von uns will. Schabbat ist Gottes Tag. Das ist das höchste Schabbatziel, denn es kann nur erreicht werden, wenn wir beginnen, Frieden zwischen uns und der Natur und unseren Mitmenschen sowie in uns selbst zu verwirklichen. Erst wenn wir anfangen, unseren Frieden mit dieser Welt zu suchen, sind wir frei, uns zu erheben und uns Gott zu nähern. Dazu gibt es drei Wege: Gebet und Meditation, das Studium der Torah und die Heiligung des Tages.
Das Leben setzt sich aus Materie und Geist zusammen. Die Woche hindurch dominiert das Materielle. Aber der Schabbat ist ein Tag, an dem die Materie in den Hintergrund tritt und das Geistige in den Vordergrund rückt. Während des Schabbat, 25 Stunden lang, in denen die Zeit und nicht der Raum geheiligt wird (um einen Gedanken von A. J. Heschel zu zitieren), hat der Mensch die Möglichkeit, zu dem Einen in Beziehung zu treten, der keinen Körper hat und nicht aus Materie zusammengesetzt ist.

Kaschrut

Während der Schabbat gewöhnlich von modernen Juden ignoriert, aber selten geringgeschätzt wird, wird die Praxis der Speisegesetze *(Kaschrut)* sowohl ignoriert, als auch herabgewürdigt. Wenn Sie Juden fragen, warum es die Speisegesetze gibt, werden Sie wahrscheinlich folgende maßgebliche Antwort bekommen: »Es war eine Gesundheitsmaßnahme. Schweinefleisch war z. B. wegen Trichinen verboten. Aber durch die modernen Gesundheitsgesetze brauchen wir solche Maßnahmen heute nicht.«[21]
Unglücklicherweise ist diese weitverbreitete Meinung ein Beispiel für die Regel, »daß Unwissenheit die Meinungsmache

bestimmt«, was auch meint, daß in Politik und Religion jemand mit um so mehr Autorität spricht, je weniger er wirklich weiß. Es kommt aber noch schlimmer, denn dieses Urteil spiegelt einen Irrtum hinsichtlich des jüdischen Gesetzes. Es scheint, daß viele Juden davon überzeugt sind, daß jüdische Speisegesetze keinen ethischen Kodex, sondern wirklich ein Gesundheitsgesetz darstellen. Sie meinen, daß *Kaschrut* eingesetzt wurde, um Seuchen zu verhindern, der Schabbat, um uns ausgeruht zu erhalten, die Beschneidung, um vor Gebärmutterkrebs zu schützen usw.

Dabei fallen die *Kaschrut*gesetze in alle vier Kategorien des jüdischen Gesetzes und sind mit ethischer Bedeutung durchtränkt. Die Hauptziele der Kaschrut sind:

1. Die Anzahl der Tiere zu begrenzen, die dem Juden zu töten und zu essen erlaubt sind (reflexiv und ethisch);
2. das Schlachten der erlaubten Tiere so schmerzlos wie möglich zu machen (ethisch);
3. Abscheu vor Blutvergießen zu bewirken (reflexiv);
4. dem Juden Selbstdisziplin einzuflößen (reflexiv);
5. dazu beizutragen, das Judentum und die Zusammengehörigkeit der jüdischen Gemeinde zu erhalten (national);
6. den Akt des Essens über das tierhafte Niveau zu erheben (Heiligkeit).

Das älteste der Speisegesetze beinhaltet das Verbot, blutiges Fleisch zu essen. Jacob Milgram, Professor der Universität Berkeley: »Es ist erstaunlich, keiner der Nachbarn Israels besaß dieses absolute, universal verpflichtende Verbot des Blutgenusses. Blut wird überall als Mahlzeit eingenommen. (...) Der Mensch hat ein Recht auf Nahrung, aber nicht auf Leben. Deshalb muß das Blut, das Symbol des Lebens, abgelassen und dem Universum, Gott, zurückgegeben werden.[22] Diese einzigartige Praxis, Blut aus dem Fleisch, das von Juden verzehrt wird, abfließen zu lassen, hat über Tausende von Jahren eine tiefe moralische Wirkung gehabt. Sie hat dazu beigetragen, eine außergewöhnliche Antipathie gegen jedes Blutvergießen zu erzeugen. Ein Bei-

spiel – zusätzlich zu dem einzigartig niedrigen Vorkommen von Gewalt unter Juden –, existiert die Jagd als Sport unter Juden faktisch nicht.
Auf der Basis dieses Gesetzes hat das Judentum ein weiteres Speisegesetz verfügt, um Tiere vor menschlicher Grausamkeit zu schützen – das Verbot, ein Glied von einem lebenden Tier zu essen. Diese Praxis war weitverbreitet, aber das Judentum hat nicht nur Juden verboten, so etwas zu tun; es machte dieses Verbot zu einem der sieben Moralgesetze der Kinder Noahs, denen die ganze Menschheit verpflichtet sein soll.
Das Judentum regelt den Verzehr von Tieren moralisch, und im folgenden wird die wesentliche moralische Bedeutung der Kaschrut erläutert. Die Speisegesetze sind der Kompromiß des Judentums mit seinem Ideal des Vegetarismus. Das Ideal des Judentum ist, den Verzehr auf Früchte und Gemüse zu beschränken und Tiere nicht für die Nahrung des Menschen zu töten. Im Garten Eden, des Judentums Beschreibung von Utopia, wurde dem Mensch befohlen, Vegetarier zu sein (1 Mose 1,28–29). Auch im zukünftigen Königreich Gottes auf Erden werden alle Geschöpfe Vegetarier sein (Jes 11,7f). Das Judentum hat jedoch sein vegetarisches Ideal nicht gesetzlich festgelegt. Dafür gibt es zwei plausible Gründe: Eine vegetarische Diät ist schwierig, wenn nicht gar unmöglich, und würde in keinem Fall befolgt werden, da Fleisch-Essen ein angeborenes Gelüst ist. Das jüdische Gesetz hat das Fleisch-Essen nicht vollständig verboten, sondern es lediglich sehr beschränkt und damit humanisiert. Die Torah spricht vom Fleisch-Essen als etwas Negativem, als »Gelüsten«, denen Zugeständnisse gemacht werden müssen. (5 Mose 12,20). Auf der Basis dieses Verses sagt der Talmud: »Die Torah lehrt uns eine Lektion in moralischem Verhalten, nämlich, daß der Mensch kein Fleisch essen soll, es sei denn, er hat ein besonderes Verlangen danach (Hulin 84a, Sanhedrin 59b diskutieren auch das vegetarische Ideal des Judentums).
Das jüdische Ideal ist, nicht der Nahrung wegen zu töten. Der Kompromiß, als *Kaschrut* bekannt, begrenzt streng die Anzahl der Tierarten, die der Jude töten darf und reglementiert die Art und Weise, wie die Tiere möglichst human geschlachtet werden

können. Das jüdische Volk darf nicht all diejenigen Tiere töten, nach deren Verzehr es ihm gelüstet. Dies ist einer der Gründe, warum die Torah von Heiligkeit spricht, sobald die Rede auf die Kaschrut kommt.

Die Tiere, die erlaubt oder koscher, d. h. für Juden zum Essen geeignet sind, haben bestimmte Merkmale. Ein Landtier muß widerkäuen und »gespaltene« Hufe haben, ein Fisch muß sowohl Flossen als auch Schuppen haben, und ein Vogel darf kein Raubvogel sein. Da diese Merkmale allein bestimmen, welche Tiere koscher sind, kann man nicht von einem jüdischen »Tabu« Schweinen oder irgendeinem anderen Tier gegenüber sprechen. Ein Schwein ist nicht koscher, weil es nicht widerkäut, nicht weil es »schmutzig« ist oder aus irgendeinem anderen Grund. Um diesen Punkt zu unterstreichen, schrieb ein mittelalterlicher Kommentator der Torah, Or HaChayim, daß »das Schwein deshalb *chasir* genannt wird, weil Gott eines Tages das Schwein als erlaubt [!] zurückbringen *(yachsir)* wird (Kommentar zu 3 Mose 11,14).

Aber warum diese besonderen Merkmale? Warum hätte es nicht genauso leicht anders herum sein können? Die Antwort könnte in Form einer anderen Frage gegeben werden. Auch wenn die Merkmale der koscheren Tiere gerade umgekehrt oder ganz anders wären, würden wir dann nicht dieselben Fragen stellen? Warum Landtiere widerkäuen und gespaltene Hufe haben müssen, ist eine faszinierende Frage, aber irrelevant für den moralischen Zweck der Kaschrut, nämlich das Töten und den Verzehr von Tieren zu begrenzen. Es ist analog zu der Frage, warum rotes Licht »Anhalten« und grünes Licht »Fahren« bedeutet. Es mag dafür psychologische oder andere Gründe geben: die sind aber irrelevant für den Hauptzweck der Ampel, nämlich den Verkehr zu regeln. Rot und Grün könnten total willkürlich ausgewählt worden sein. Ebenso kann man die Merkmale koscherer Tiere als willkürlich ausgewählt betrachten. Die Gründe für diese Merkmale hatten nicht mehr Bedeutung für das System des Kaschrut als die Gründe, die dazu führten, Rot und Grün für Verkehrszeichen zu wählen. Da es das Ziel des Judentums ist, die Anzahl der Tiere zu begrenzen, die Juden zum Verzehr töten können, mußten Merkmale entwickelt werden, die koschere und nichterlaubte Tiere voneinander unterscheiden.[23]

Ein weiteres moralisches Anliegen des Judentums hinsichtlich des Verzehrs von Tieren ist die Forderung, daß das Töten koscherer Tiere so schmerzlos und human wie möglich geschehen soll. Als moralische Voraussetzung hinter den jüdischen Schlachtgesetzen steht die Annahme, daß jedes verwundete Tier automatisch nicht koscher ist. Dieses Gesetz sichert, daß Tiere so schnell und so schmerzlos wie möglich, *durch einen Schnitt,* getötet werden. Dazu kommt, daß der *Schochet* (Schlächter) ein besonderer Jude sein mußte – er mußte eine besonders fromme und gebildete Person sein (denn nur so jemand wäre vermutlich sorgfältig genug, um das Leiden des Tieres zu verringern); ein Tier, das mit einem stumpfen Messer geschlachtet wird, ist nicht koscher.

Was das Essen betrifft, so machen die Gesetze, die die halbe Tierwelt für jüdische Tische verbieten, zusammen mit den Myriaden anderer Gesetze, die eine humane Schlachtung der verbleibenden erlaubten Hälfte sicherstellen, die systematische Ethik des Judentums aus.[24]

Darüber hinaus verlangt das jüdische Speisegesetz, daß wir Milch oder Milchprodukte nicht zusammen mit Fleisch essen. Dieses Verbot gründet sich auf das dreimal erwähnte biblische Gesetz »Koche das Zicklein nicht in seiner Mutter Milch«.

Die Absicht des ursprünglichen Torahgesetzes ist offenbar ethischer Natur, aber was ist der Grund für das allgemeine Gesetz, Fleisch und Milch zu trennen? Dieses Gesetz versteht sich auf der Grundlage der Obsession des Judentums, den Tod vom Leben zu trennen. Das Judentum ist in ganz einzigartiger Weise mit dem Leben beschäftigt.

Im antiken Ägypten, aus dem sich das Judentum entwickelt hat, drehte sich die ganze Kultur um den Tod; seine Bibel war *Das Buch der Toten,* und seine Priester waren mit dem Tod beschäftigt. Das ist wahrscheinlich der Grund, warum ein *Kohen,* ein jüdischer Priester, nicht mit einer Leiche in Berührung kommen darf, er muß sich mit dem Leben beschäftigen.

Das Judentum verlangt von uns, Fleisch (Tod) und Milch

(Leben) voneinander zu trennen. Ein Beweis für diese Erklärung ist, daß nur milchproduzierende Tiere nicht mit Milch gegessen werden können. Es ist erlaubt, Fisch und Milch zusammen zu verspeisen, denn Fische haben keine Milch. Milch verbunden mit Fisch repräsentiert nicht das Leben, wie das bei Säugetieren der Fall ist.[25]

Kaschrut, wie alle jüdischen Gesetze, dient wesentlich auch dem Zweck, die Selbstkontrolle aller Juden zu stärken. In einer berühmten Passage im Midrasch Tanchuma Schmini 7 (der vor ungefähr 1500 Jahren geschrieben wurde) stellt Rav fest, daß »die *Mitzvot* (Gebote, in diesem Fall Kaschrut) nur erlassen wurden, um die Menschen zu erziehen. Denn was liegt dem Heiligen an der »Reinheit« oder »Unreinheit« der Tiere? Es ist offensichtlich, daß die Mitzrot den Zweck haben, Menschen zu erziehen.«

Eine Frage wird oft gestellt: Ist Kaschrut wirklich ein ethisches oder heiliges Gebot – macht den Menschen nicht das unrein, was aus seinem Mund herauskommt, und nicht das, was er ißt (vgl. die Worte Jesu in Mk 7,19)?

Unsere Antwort lautet: *Jedesmal wenn sich ein Jude hinsetzt, um ein koscheres Mal zu essen, wird er daran erinnert, daß das Tier, das er ißt, ein Geschöpf Gottes ist, daß der Tod einer solchen Kreatur eine ernste Sache ist, daß Jagen als Sport verboten ist, daß wir ein Lebewesen nicht unverantwortlich behandeln dürfen, und daß wir dafür verantwortlich sind, was mit anderen Lebewesen geschieht (seien es menschliche oder tierische), auch wenn wir nicht persönlich mit ihnen in Kontakt kommen.* Ein Beispiel für letzteres: Ein Rabbi in Boston hat Trauben, die von unterdrückten spaniolischen Arbeitern gepflückt wurden, für nicht koscher erklärt; und vielleicht sollten wir ebenso die Felle von Robbenbabies, die zu Tode geschlagen wurden, für nicht koscher und zum Anziehen ungeeignet erklären.

Richard Israel schreibt: »Ich freue mich, daß ich die vielen Mitzvot der Kaschrut nicht fallengelassen habe, denn sie haben mir einige ziemlich wichtige Überraschungen geboten. Da Kaschrut im Blickpunkt der Öffentlichkeit steht, muß ich sie ziemlich häufig vor meinen Freunden und selbstverständlich auch vor mir selbst rechtfertigen. Ob es mir gefällt oder nicht,

Kaschrut bringt mich auf wichtige Fragen: Wie gehe ich verantwortlich mit dem Kalb um, das ich esse ...? Gehört die Erde und ihre Fülle mir –, kann ich damit tun, was ich will? Was bedeutet es, daß ein Tisch ein Altar sein sollte? Ist Essen wirklich eine weihevolle Handlung? ... Kaschrut läßt mich oft genug Fragen stellen; darin entdecke ich, daß ihre sehr provokative Qualität eine der Haupttugenden meines religiösen Lebens ist.«[26, 27]

Frage 3

Wenn das Judentum die Menschen vervollkommnet, – warum gibt es dann unethisch handelnde Juden und ethisch handelnde Menschen, die nicht religiös sind?

Die Torah ist für die Seele des Menschen wie Regen für die Erde; der Regen läßt die Samen in der Erde keimen, und daraus wachsen sowohl nährende als auch giftige Pflanzen. Auch die Torah nützt demjenigen, der nach Selbstvervollkommnung strebt, während sie die Unreinheit des Herzens derer, die sich nicht bilden wollen, noch vermehrt.

ELIJAH, GAON VON WILNA,
in seinem Kommentar
zu Spr 24,31 und 25,4

. . . Wie erklärt man das Gute in den vielen nichtreligiösen Menschen? Sehr einfach. Die Menschen verhalten sich oft besser als ihre Philosophien. Aber man kann nicht erwarten, daß sie immer so handeln. Das Denken beeinflußt letztendlich das Verhalten eines Menschen. Der Atheismus muß am Ende – wenn nicht in dieser Generation, dann in den nächsten – auf das Handeln eines Atheisten im Licht seiner eigenen Logik einwirken.

MILTON STEINBERG,
Anatomy of Faith
[Anatomie des Glaubens]

Warum gibt es religiöse Juden, die unethisch handeln?

Ein Problem, das jedem sensiblen Juden aufstößt, sind Juden, die zwar viele jüdische Gesetze befolgen, jedoch unethisch handeln. Das ist ein grundlegendes Problem, denn solche Menschen mindern in den Augen der anderen den Wert der jüdischen Religion und erleichtern es, Religion als mechanische Rituale und Heuchelei abzutun.

»Religiös« bedeutet ethisch

Die Annahme, auf der obige Frage beruht, ist falsch, denn ein Jude ist nicht »religiös«, wenn er nicht die jüdischen Gesetze der Ethik und des Gutseins befolgt. Für jeden, der das Judentum kennt, ist diese Aussage genauso wahr, wie der Satz, daß man einen Bürger der USA nicht für gesetzestreu hält, wenn er die Hälfte des amerikanischen Gesetzeskodex verletzt. Wegen der unglücklichen Tatsache, daß Religion in der Vorstellung vieler Menschen oft nur mit Handlungen zwischen Mensch und Gott assoziiert wird, fühlen wir uns gezwungen, dies hier festzustellen. Die Gesetze zwischen Mensch und Gott sind jedoch nur ein Teil des Judentums (und auch diese haben, wenn sie mit lauterer Absicht ausgeführt werden, tiefe ethische Folgen). Eine große Anzahl jüdischer Gesetze und religiöser Literatur setzt sich nur mit interindividuellen Handlungen auseinander, aber diese Gesetze sind genauso verpflichtend wie Kaschrut, *Tefillin* (Gebetsriemen) und das Gebet. Es gibt allgemeine Regeln, wie »Liebe deinen Nächsten wie dich selbst« (3 Mose 19,18), und es gibt unzählige, spezielle und subtile ethische Gesetze, wie z. B. das Gesetz, Almosen zu geben, das Gesetz gegen den Klatsch, das Gesetz für richtiges Geschäftsverhalten und das bereits erwähnte Gesetz, das es einem Juden verbietet, einen Verkäufer nach dem Preis seiner Ware zu fragen, wenn man kein wirkliches Interesse daran hat, sie zu kaufen (Mischnah Bava Metziah 4,10). Das Judentum ist derart mit dem Wissen um Ethik und mit der Genauigkeit in dieser Frage beschäftigt, daß es erklärt, daß eine unwissende Person (d. h. jemand, der das Gesetz nicht kennt) nicht rechtschaffen sein kann (Mischnah Avot 2,5). Jemand, der die Gesetze zwischen Mensch und Gott befolgt, aber die ethischen oder zwischenmenschlichen Gesetze vernachlässigt, ist kein religiöser oder gesetzestreuer Jude. Eine solche Person religiös zu nennen ist ein Widerspruch in sich selbst, denn sie verletzt große Teile des jüdischen Gesetzes. Die höchste religiöse Auszeichnung im Judentum ist *Chassidim,* ein Ehrentitel für jemanden, der gerecht und gut handelt.

Die folgenden ethischen Gesetze stammen aus nur neun Versen des 19. Kapitels im Buch Levitikus (3 Mose 19,10–18). *Ist ein Jude, der diese Torahgesetze verletzt, ein religiöser oder ein gesetzestreuer Jude?*

Diese Gesetze fordern dazu auf:

1. Armen und Fremden Almosen zu geben;
2. nicht zu betrügen und andere irrezuleiten;
3. einen Arbeiter nicht zu unterdrücken, indem man ihn nicht prompt bezahlt;
4. daß ein Richter weder die Reichen (aus Respekt) noch die Armen (aus Sympathie) bevorzugt, sondern immer Recht spricht;
5. nicht über andere zu klatschen;
6. nicht dabeizustehen, wenn das Blut eines anderen vergossen wird;
7. nicht Rache zu nehmen oder jemandem etwas nachzutragen;
8. seinen Nachbarn wie sich selbst zu lieben.

Offenbar ist ein unethisch handelnder Jude weder gesetzestreu noch religiös, und wir hoffen inbrünstig, daß diese Juden, die nur einige der Gesetze des Judentums befolgen, entweder verstehen werden, daß Gott die Befolgung von Mensch-Gott-Gesetzen durch Menschen, die unmoralisch handeln, zurückweist, und danach auch die moralischen Gesetze des Judentums sorgfältig beachten, oder daß sie nicht mehr vortäuschen, religiöse und gesetzestreue Juden zu sein.

Unethische und nicht gütige Menschen, die vorgeben, religiös zu sein, begehen die Sünde des *Chilul HaSchem,* »die Entweihung des Namen Gottes«. Daraus resultiert eine Entfremdung wie der Talmud schreibt: »(...) Wenn jemand Bibel und Mischnah (das mündlich überlieferte Gesetz) studiert, (...) ist aber unehrlich im Geschäft und unhöflich in seinen zwischenmenschlichen Beziehungen, dann heißt es über ihn? ›Wehe dem, der die Torah studiert (...) Dieser Mann studiert die Torah; seht, wie korrupt seine Taten sind, und wie häßlich seine Wege‹« (Yoma 86a).

Befolgung der Gesetze und moralische Absicht

Die Einhaltung der jüdischen Gesetze zwischen Mensch und Gott macht einen Menschen solange nicht moralischer, wie diese Gesetze nicht mit der Absicht, moralischer zu werden, befolgt werden. Etwas anderes zu erwarten, nämlich daß die mechanische Befolgung der jüdischen Mensch-Gott-Gesetze automatisch moralische Individuen produziert, heißt, dem jüdischen Gesetz eine magische Eigenschaft zu verleihen, die man für absurd halten würde, wenn man sie auf andere Gebiete des Lebens übertrüge. Kann man erwarten, die Bedeutung von Shakespeare zu erfassen, wenn man seine Worte mechanisch liest, ohne die Absicht, etwas daraus zu lernen? Ist es nicht auch möglich, Shakespeares Stücke zu lesen und wenig oder nichts daraus zu lernen? Darf man Shakespeare deshalb als wertlos betrachten?

Diese strenge Beziehung zwischen Befolgung der Gesetze und moralischer Absicht ist keineswegs eine neue Interpretation des jüdischen Gesetzes. Schon in der Bibel wird davor gewarnt, daß die Mensch-Gott-Gesetze nur einen geringen moralischen Effekt haben, wenn sie ohne die Absicht, moralisch zu handeln, befolgt werden. Die Propheten haben diejenigen Juden heftig angegriffen, die die Gesetze nur mechanisch einhielten und dadurch ihren Mangel an Interesse für ethische Prinzipien verrieten (siehe z. B. Jer 7).

Ein Jude, der die jüdischen Mensch-Gott-Gesetze befolgt, während er sich Menschen gegenüber abscheulich benimmt, behandelt diese Gesetze mehr als Übung im Ritual, denn als moralisches Training. Das Ergebnis ist eine Einhaltung der Gesetze, die moralisch, d. h. religiös wertlos ist.

Nachdem diese Dinge über unethische aber scheinbar gesetzestreue Juden gesagt sind, wollen wir drei Gesichtspunkte anfügen, die gesetzestreue Juden und die Ethik betreffen.
Erstens sind gewalttätige Verbrechen bei gesetzestreuen Juden faktisch unbekannt; dies gilt sowohl für Gesellschaften, in denen Juden die Mehrheit (wie z. B. in Israel) als auch für Gesellschaften, in denen Juden die Minderheit der Bevölkerung ausmachen. Diese Abscheu vor dem Blutvergießen unter den Juden hängt geschichtlich mit dem Judentum und seinen Gesetzen zusammen. Kaschrut, z. B., hat über die letzten dreitausend Jahre die Juden zur Ehrerbietung gegenüber allem Lebendigen erzogen. Der französische Gelehrte Anatole Beaulieu schrieb im Jahr 1895: »Man beachte den Umstand, daß keine jüdische Mutter je ein Huhn mit ihrer eigenen Hand getötet hat, und man wird verstehen, warum Mord und Totschlag unter Juden seltener ist als in irgendeiner anderen Gruppe von Menschen.«
Zweitens wird von gesetzestreuen Juden hervorragendes ethisches Benehmen erwartet. Deshalb bemerken andere Leute die unethischen und ungütigen Handlungen angeblich religiöser Menschen als erstes. Aber man sollte an Elie Wiesels Beobachtung des Verhaltens von Rabbis in Konzentrationslagern denken. »In den Lagern gab es Kapos (Gefangene, die für die Nazis arbeiteten) deutscher, ungarischer, tschechischer, slowakischer, georgischer, ukrainischer, französischer und litauischer Abstammung. Sie waren Christen, Juden und Atheisten, ehemalige Professoren, Industrielle, Künstler, Händler, Arbeiter, Kämpfer von Rechts und Links, Philosophen und Seelenforscher, Marxisten und unentwegte Humanisten. Und natürlich ein paar gewöhnliche Kriminelle. Aber kein einziger Kapo war Rabbi gewesen.«[28]
Und drittens ist die Möglichkeit, das ethische Verhalten eines religiösen Juden zu verbessern, größer, als dies bei säkularen Juden zu versuchen. Unter gesetzestreuen Juden existiert ein anerkannter religiöser Kodex, an den man appellieren kann, wenn man die ethische Führung verbessern will. Obwohl diese Juden vielleicht den Kodex verletzen, erkennen sie ihn doch als bindend an.
Ein Beispiel dafür ist die jüdische *Musar*-(Moral-)Bewegung des

19. Jahrhunderts. Das folgende Ereignis im Leben von Rabbi Israel Salanter, des Begründers der Musar Bewegung, illustriert, wie das ethische Verhalten von Juden, die die Ritualgesetze einhalten, durch einen Appell an die moralische Autorität der Torah verbessert werden kann.

Während der Herrschaft des Zaren Nikolaus I. waren jüdische Gemeinden gezwungen, die russische Armee mit Jugendlichen für einen 25jährigen Militärdienst zu versorgen. Die jüdischen Gemeinden gaben daraufhin Verordnungen heraus, um sicherzustellen, daß solange kein zweites Kind aus einer Familie eingezogen werden durfte, wie es noch Familien gab, die noch kein Kind gegeben hatten. Als er einmal eine Stadt besuchte, traf Rabbi Salanter eine arme Witwe, die bitterlich weinte. Er fragte sie nach ihrem Kummer, und sie erzählte dem Rabbi, daß man ihr gerade mitgeteilt habe, daß auch ihr zweiter Sohn eingezogen werden würde. Ein reicher Gemeindevorsteher, der sichergehen wollte, daß keines seiner Kinder eingezogen werden würde, habe dies illegal bewerkstelligt. Der Rest der Gemeinde hätte dazu geschwiegen und beschlossen, das zweite Kind der Witwe einzuziehen.

Salanter ging an diesem Nachmittag in die Synagoge, und als sich ein Mann erob, um vorzubeten, rief ihm der Rabbi zu: »Es ist Euch verboten, uns im Gebet zu leiten, denn Ihr seid kein Gläubiger in Gott und Torah.« Ein Ersatzmann wurde gesandt, und Salanter rief dem zweiten Mann dasselbe zu. Dies geschah noch ein drittes Mal. Schließlich baten die Gemeindemitglieder Rabbi Israel sein Verhalten zu erklären. »Die Tatsache, daß ihr betet, beweist nicht, daß ihr Gläubige seid,« antwortete er. »Ihr betet, weil eure Väter beteten. Aber ihr glaubt nicht an die Torah. Woher ich das weiß? Wenn ihr an die Torah glaubtet, ernsthaft glaubtet, daß es die Stimme Gottes ist, die euch befiehlt, wie könntet ihr es dann wagen, die Torahgesetze zu mißachten, die es euch verbieten, eine Witwe zu unterdrücken und prominente Leute im Urteil zu bevorzugen? Daß ihr bereit seid, solche Gesetze zu ignorieren, zeigt, daß ihr nicht wirklich an Gott und Seine Torah glaubt.«

Um das ethische Verhalten religiöser Juden zu verbessern,

konnte Rabbi Salanter an ihren Glauben an die Torah appellieren.
Was heute dringend nötig ist, ist ein erneutes Engagement religiöser Juden, besonders ihrer Führer, für konsequent ethisches Verhalten. Der religiöse Jude muß ein moralisches Vorbild für säkulare Juden sein, genauso wie alle Juden ein moralisches Beispiel für die nichtjüdische Welt sind. Man stelle sich die Wirkung auf säkulare Juden vor, wenn religiöse Juden durch ihr ethisches Verhalten genauso identifizierbar wären, wie sie es durch ihre Einhaltung von Schabbat und Kaschrut sind.
Vielen Mitgliedern der religiösen Gemeinde ist der weitverbreitete Eindruck anzulasten, daß religiöse Juden nicht ethischer handeln oder gütiger als andere sind. Zu oft haben die religiöse Führung und ihre Anhänger diesen Eindruck noch bestätigt, da sie die Befolgung von Mensch-Gott-Gesetzen weit mehr betonen als die Einhaltung der zwischenmenschlichen Gesetze. Wenn wir von einem »religiösen Juden« sprechen, nehmen wir deshalb sofort an, daß er oder sie sich koscher ernährt und betet, aber wir nehmen nicht notwendigerweise an, daß er oder sie zugleich auch ethisch handelt.
Es gibt viele Gründe, die diese traurige Entwicklung erklären. Einer ist, daß die religiösen Gemeinden immer Einrichtungen unterhalten haben, die die Rituale betreffen (z. B. die Überwachung der Kaschrut durch einen Rabbi), es jedoch zulassen, daß im sozialen und ethischen Bereich die Maßgaben der Regierung vorherrschen. Wenn jemand wissen will, ob ein Stück Fleisch koscher ist, fragt er natürlich einen Rabbi, wenn er aber wissen will, ob eine bestimmte Handlung ethisch koscher ist, ist es sehr unwahrscheinlich, daß er sich an seinen Rabbi wendet oder die jüdischen Quellentexte zu Rate zieht, obwohl ethische Fragestellungen umfassend in jüdischen Gesetzeswerken behandelt werden. Unglücklicherweise halten viele religiöse Menschen ihr begrenztes Judentum für konsequentes Judentum, aber sie begrenzen ihre religiöse Beschäftigung auf den Bereich des Rituals.[29]
Ein zweiter Grund für die Tatsache, daß moralische Anliegen in vielen religiösen Gemeinden oft nicht so wichtig genommen

werden, wie sie sein sollten, ist die Tatsache, daß das Judentum nicht als moralische Lebensweise vermittelt wird, sondern als nicht-rationale Gewohnheit, die zur sozialen Lebensweise wird. Viele Kinder, die in einer gesetzestreuen Umgebung aufwuchsen, befolgen jüdische Gesetze, nicht weil sie die moralische und spirituelle Basis der Gesetze schätzen, sondern aus Gewohnheit und aus Furcht »erwischt« zu werden, denn alle in ihrer Umgebung befolgen die Gesetze. Sie werden nicht gelehrt, jüdische Gesetze zu befolgen, um dadurch moralisch zu werden. Und so hören die Gesetze auf, den moralisch erhebenden Effekt zu haben, den sie eigentlich haben sollten.

Kern des Problems ist, daß viele gesetzestreue Gemeinden jüdisches Gesetz als Selbstzweck betrachten und unterrichten, anstatt als ein Mittel, um »die Welt unter der Herrschaft Gottes zu vervollkommnen.« Das Wort für das jüdische Gesetzessystem, *Halacha,* bedeutet »Weg«. *Halacha* ist der »Weg«, um einen bestimmten Zustand zu erreichen, und dieser Zustand ist Moral und Heiligkeit. Zu viele Juden, die sich an die *Halacha* halten, haben vergessen, daß sie nur ein Weg ist, und nicht der Ort, zu dem sie führen soll. Derjenige, der den Weg zum Ziel in sich selbst macht, ist verloren. »Manchmal,« so sagte der große chassidische Rabbi Menachem Mendl von Kotzk, »wird aus einer *Mitzvah* [Gebot] Götzendienst [das Gebot und nicht Gott und Gutsein werden zum Endziel].«

Wie erklärt sich das Verhalten ethisch handelnder Menschen, die nicht religiös sind?

Die Ethik einer nichtreligiösen und aktiv moralischen Person erklärt sich folgendermaßen; 1. aus dem moralischen Vermächtnis der Religion, 2. aus einem dem Individuum angeborenem oder »natürlichen« Gutsein, 3. aus einer säkularen ethischen Philosophie (z. B. Humanismus).

Das moralische Vermächtnis der Religion

Die Grundlagen der westlichen Moral sind religiöser Natur. Wenn auch ein moralisches Individuum nichtreligiös sein mag, so hat es doch seine moralischen Werte von seinen Ahnen erworben, die wahrscheinlich religiös waren und/oder von der westlichen Zivilisation geprägt waren, die an jenen moralischen Werten festhält (oder zumindest ein Lippenbekenntnis dazu ablegt), die vom Judentum formuliert und vom Christentum übermittelt wurden. Der ethische Säkulare lebt im wesentlichen nach moralischen Werten, die er von einer jahrtausendealten Religion ererbt hat.

Folglich stellen wir die Frage, ob der ethische Säkulare dazu fähig ist, der nächsten Generation ein moralisches Vermächtnis zu vermitteln, jetzt da er sie von der Religion, der höchsten Quelle der Moral, abgetrennt hat.[30] Wie uns die Geschichte gezeigt hat, ist die Antwort negativ. Trotz einzelner rechtschaffener Säkularer ist das Vermächtnis aller Ideologien, die versuchten, die Religion zu zerstören, unvorstellbares menschliches Leiden.[31]

Natürliches Gut-Sein: moralische Genies

Eine zweite Erklärung für ethisch handelnde aber nichtreligiöse Menschen ist die einfache Tatsache, daß die Natur eine gewisse Anzahl von natürlich guten Menschen produziert – wir können sie moralische Genies nennen –, genauso wie sie gelegentlich Künstler und wissenschaftliche Genies hervorbringt. Aber wir dürfen deshalb nicht damit aufhören, Musik zu unterrichten und nicht nur auf die Natur vertrauen, die gelegentlich musikalische Genies hervortreibt. So wie die Musik systematisch gelehrt werden muß, um Musiker auszubilden, so muß auch das Gut-Sein systematisch gelehrt werden, um gute Menschen hervorzubringen.[32]

Eine säkulare ethische Philosophie

Schließlich werden einige ethische Säkulare ihre ethischen Werte und ihr Verhalten einer säkularen ethischen Philosophie wie dem ethischen Humanismus zuschreiben. Wir weisen den Leser auf Frage vier hin, in der wir Judentum und Humanismus ausführlich vergleichen. An dieser Stelle genügt die These, daß säkularer Humanismus vollständig subjektiv ist: Er hat weder einen Gott noch einen gesetzlichen ethischen Kodex, noch ein Volk, noch einen Weg der Vererbung von einer Generation zur anderen. Der Humanismus hat kein System, um gute Menschen hervorzubringen. Er ist nur eine Ansammlung persönlicher Ideale, die gewöhnlich nur Nachformulierungen jüdischer Ideale sind. Es ist nicht überraschend, daß 1876 die *Ethical Culture Foundation* von einem Rabbi, nämlich Felix Adler, gegründet wurde.

Abschließende Bemerkung

Zusammenfassend muß gesagt werden, daß die Existenz moralisch aktiver, aber nichtreligiöser Personen in keiner Weise die Notwendigkeit eines moralischen Systems verneint, das sich auf religiöse Prinzipien und eine Gemeinde von Anhängern gründet. Um die Ethik zu verewigen, kann man sich nicht auf ethische Atheisten verlassen, auch wenn diese die besten Absichten haben. Wie es in dem eingangs abgedruckten Zitat von Milton Steinberg formuliert ist: »(...) Wie erklärt man das Gute in den vielen nichtreligiösen Menschen? Sehr einfach. Die Menschen verhalten sich oft besser als ihre Philosophien. Aber man kann nicht erwarten, daß sie immer so handeln. Das Denken beeinflußt letztendlich das Verhalten eines Menschen. Der Atheismus muß am Ende – wenn nicht in dieser Generation, dann in der nächsten – auf das Handeln eines Atheisten im Licht seiner eigenen Logik einwirken.« Er hat es schon getan. Das Zeitalter des »Alles-ist-mein« in unserer selbstzentrierten Gesellschaft ist solch ein Auswuchs der Säkularisation unserer Gesellschaft. Wenn »das Höhere«, verkörpert in Gott, und religiöse Werte zerstört sind, gibt es keine Ideale mehr. Im säkularen Zeitalter beten wir uns zum Schluß selber an.

Wir beschwören deshalb diejenigen säkularen Individuen, die sich mit Ethik beschäftigen und für eine gute Welt kämpfen, ihren Säkularismus zu überdenken. Vielleicht stellen ethischer Monotheismus im allgemeinen und das Judentum im besonderen bessere Wege dar, die unglaublich schwierige Aufgabe zu bewältigen, bessere Menschen und eine bessere Welt zu schaffen.

Frage 4

Wodurch unterscheidet sich das Judentum vom Christentum, vom Marxismus bzw. Kommunismus und vom Humanismus?

Diese drei Bewegungen haben drei Dinge gemeinsam. Sie wurden von einem Juden gegründet, sind vom Judentum abgeleitet und versuchen alle die messianischen und utopischen Ziele, die das Judentum einführte, zu erfüllen. Alle drei aber haben den jüdischen Weg, diese Ziele zu erreichen, verändert.

Christentum

Glauben über Werke

Ob Jesus der Messias war oder nicht ist nicht die wichtigste Frage, die das Judentum vom Christentum trennt. Der Hauptunterschied zwischen Judentum und Christentum liegt in der unterschiedlichen Bedeutung der Tat für beide Religionen.[33] Der Gott des Judentums hält die Taten der Menschen für wichtiger als ihren Glauben;[34] des Juden zentrale Verpflichtung ist es, in Übereinstimmung mit biblischen und rabbinischen Gesetzen zu handeln. Als sich das Christentum entwickelte, verwarf es die meisten dieser Gesetze, und der Glauben wurde zur zentralen Forderung.

Obwohl der Glaube zur Essenz des Christentums wurde, enthüllt die Geschichte des Christentums, daß diese Erhebung des Glaubens über die Werke weder von Jesus noch von seinen engsten Anhängern gepredigt wurde. Das Neue Testament zeigt oft, daß Jesus und seine frühen Anhänger dem jüdischen Gesetz Nachdruck verliehen und es einhielten: »Ihr sollt nicht wähnen, ich sei gekommen, das Gesetz oder die Propheten abzuschaffen,« erklärt Jesus seinen Aposteln, »denn wahrlich ich sage euch, bis

Himmel und Erde vergehen, wird weder der kleinste Buchstabe, noch ein Tüpfelchen vom Gesetz (der Torah) vergehen, bis Seine Absicht erreicht wurde.«[35] Jesus schließt dann seine Botschaft mit einer Warnung für jeden, der das jüdische Gesetz verletzt: »Deshalb wird der Mensch, der auch das kleinste dieser Gebote verletzt und andere so lehrt, als der Geringste im Königreich des Himmels betrachtet.« (Mt 5,17–19)

Nach seinem Tod folgten die Jünger Jesu' der Botschaft ihres Lehrers auch weiterhin und richteten sich nach der Halacha (dem jüdischen Gesetz). Apg 2,46 und 3,1 berichten, daß die Jünger regelmäßig im Tempel beteten; Apg 10,4 beschreibt des Petrus skrupulöse Befolgung der Kaschrut (jüdische Speisegesetze); Apg 15,1 lehrt, daß »einige Männer von Judäa herunterkamen«, (diese Männer, in Einklang mit Gal 2,12, scheinen von Jakob, Jesu' Bruder, gesandt worden zu sein), um zu lehren, daß »wenn ihr euch nicht beschneiden lasset nach der Tradition des Moses, so könnt ihr nicht selig werden.« In Apg 21,24 sagt Jakob zu Paulus: »(...) laß jeden wissen, daß es nicht so sei, wie ihnen über dich berichtet ist, sondern daß du selber auch nach dem Gesetz lebst und es befolgst.«

Im Jahre 70 jedoch, als die jüdische Gemeinde i Jerusalem von den Römern zerstört wurde, erhielt eine neue Ideologie über Gottes Gesetze die Vormacht im Christentum. Formuliert hat sie Paulus von Tarsus; er stellte folgende Theorie auf:

a) *Alle* Gesetze der Torah müssen eingehalten werden – deshalb ist derjenige, der eines davon bricht, verflucht: ». . . *die Schrift sagt: Verflucht sei jeder, der nicht darin beharrt, alles Vorgeschriebene im Buch des Gesetzes zu befolgen«* (Gal 3,10);
b) Da der Mensch unvollkommen ist, wird er durch Verletzung eines Gesetzes sündigen: *»Wir hätten durch das Gesetz gerechtfertigt werden können, wenn das Gesetz, das uns gegeben wurde, fähig wäre, uns Leben zu geben, aber das ist nicht der Fall: die Schrift macht keine Ausnahmen, wenn sie sagt, die Sünde sei überall ...«* (Gal 3,21–2);
c) Der Mensch ist durch das Gesetz verflucht: ». . . *denn die sich*

darauf verlassen, das Gesetz einzuhalten, sind unter einem Fluch ...« (Gal 3,10);

d) Der Mensch muß vom Gesetz erlöst werden, eine Erlösung, die *nur* durch den Glauben an Jesus geschehen kann: *»Christus erlöste uns vom Fluch des Gesetzes* ... (Gal 3,13). ». . . *so halten wir nun dafür, daß der Mensch gerecht werde ohne des Gesetzes Werke, allein durch den Glauben.«* (Röm 3,28)

Die Differenzen des Judentums mit dieser Theorie sind tiefgreifend. Die paulinische Idee, daß ein Mensch von Gott verflucht sei, wenn er irgendein Gesetz bricht (siehe Gal 3,10–3), war ganz neu; sie läßt sich nirgendwo in der Bibel oder im normativen Judentum finden. Woraus entwickelte Paulus dann diese Vorstellung? Gal 3,10 scheint er von einer fehlerhaften Lesung des Bibelverses 5 Mose 27,26 abgeleitet zu haben. Die elf Verse davor, 5 Mose 27,15–25, listen elf grundlegende ethische Verpflichtungen (Verbot von Gewalt, Bestechung, Götzendienst, Inzest, der Unterdrückung von Wehrlosen usw.) auf und erklären den Übertreter eines dieser Gebote von den Juden und von Moses (nicht von Gott) verflucht. Zum Schluß heißt es in der Bibel: »Verflucht sei der, der alle Worte *dieser* Torah nicht aufrechterhält und tut ...« – »diese Torah [Lehre]« bezieht sich auf die elf gerade aufgezählten Gesetze. Paulus jedoch verstand den Vers so: »Verflucht sei jeder, der nicht darin beharrt, alles im *Buch des Gesetzes* Vorgeschriebene einzuhalten« (wie es in Gal 3,10 übersetzt ist). Paulus hat den Vers mißverstanden (oder absichtlich geändert), so daß jetzt in der Bibel steht, daß jeder, der ein Gesetz der *gesamten* Torah (fünf Bücher Mose) bricht, auf ewig verflucht sei, eine Mißübersetzung, die im Neuen Testament verbleibt.[36]

Die Bibel sieht ein, daß kein menschliches Wesen vollkommen ist und alle ihre Gesetze erfüllen kann, und sie versteht deshalb, daß Menschen gelegentlich sündigen. Hunderte von Jahren vor Paulus wurde den Juden versichert, daß Gott erkennt, »daß kein Mensch so rechtschaffen ist, daß er nur Gutes tut und nie sündigt« (Koh 7,20). Weiterhin spricht die Bibel wiederholt von Juden, die gesündigt haben (Moses und David eingeschlossen)

und die, nachdem sie bereuten und zum Gesetz, das sie verletzt hatten, zurückkehrten, wieder in Gottes Gnade aufgenommen wurden, sicherlich, ohne auf ewig verflucht zu sein.[37]
Selbstverständlich will das Judentum nicht, daß die Menschen seine Gesetze verletzen. Aber wenn ein Jude sie verletzt hat, ermöglicht das jüdische Gesetz ihm oder ihr, durch Reue – hebräisch: *Teschuvah,* abgeleitet von »zurückkehren« – zu Gott und richtigem Tun zurückzukehren. *Teschuvah* besteht aus drei Schritten: Der Sünder muß seine Sünde erkennen, ernste Gewissensbisse deshalb haben und muß beschließen, zurückzukehren, um das Gesetz zu erfüllen. Zur Zeit des Tempels gab es noch einen vierten Schritt – das Darbringen eines Opfers –, aber seit der Zerstörung des Tempels ist dieser Schritt unnötig, *eine schon lange von der Bibel vorausgesehene Tatsache.* Mit den Worten von *Hos* 14,3, der eine Zeit, in der der Tempel nicht mehr stehen würde, prophezeite: ». . . wendet euch zu dem Herrn, sagt zu Ihm, vergib alle Schuld und nimm uns gnädig auf, *so werden wir die Gebete unserer Lippen anstatt Kälber opfern.«*
Parallel zu Hoseas Aussage heißt es in Spr 21,3: »Rechtschaffenheit und Gerechtigkeit sind Gott willkommener als Opfer«, und im Buch Jona wird davon berichtet, wie den Menschen in Ninive ihre Sünden von Gott vergeben wurden, nachdem sie bereut hatten, obwohl sie kein Sündenopfer dargebracht hatten.[38]
Diese Doktrin, daß Gott die Menschen, die Er unvollkommen erschaffen hat, wegen ihrer Unvollkommenheit verfluchen würde, stellt Gott als grausam und sadistisch dar[39] – Vorstellungen, die dem Judentum völlig fremd sind.
Wie anfangs gesagt, hält das Judentum das Tun der Menschen für wichtiger als ihren Glauben. Der Talmud, basierend auf Jer 16,11, sagt: »Es ist besser, daß sie (die Juden) Mich (Gott) verlassen, aber Meine Gesetze einhalten,« denn, so setzt der Talmud hinzu, durch Befolgung der Gesetze werden sie zu Gott zurückkehren (Jerusalem Talmud, Hagiggah 1,7).
Trotz der biblischen Betonung der Taten vor dem Glauben erklärte Paulus (Röm 3,28): »Wir halten nun dafür, daß der Mensch gerecht werde ohne des Gesetzes Werke, allein durch den Glauben.«

Durch die paulinische Doktrin, wie sie im Brief an die Römer formuliert wurde, sind die Kriterien, nach denen Katholiken Menschen beurteilen, nur Glauben und die Sakramente; und der Vater des Protestantismus, Martin Luther, unterschied sich von der herrschenden Kirche nicht dadurch, daß er den Vorrang guter Taten betonte, sondern durch die Betonung, daß Glauben allein, ohne Sakramente, genug sei. In einer Flugschrift aus dem Jahre 1520 über christliche Freiheit erklärte Luther: »Über alle Dinge halte im Gedächtnis, was ich gesagt habe, daß Glauben allein, ohne Werke, rechtfertigt, befreit und errettet.«

Seither glauben Millionen Christen, daß das Verhalten eines Menschen in Gottes Augen unwichtiger ist als sein Glauben, und viele christliche Geistliche der Vergangenheit haben deshalb Menschen um ihres Glaubens willen verfolgt.

Es mag eingewandt werden, daß Christen, die böse Taten begangen haben, Paulus falsch aufgefaßt hätten. Vielleicht haben sie das, denn Paulus verkündete sicherlich liebreiches und gutes Handeln. Aber während im Judentum gute Menschen aller Nationen Errettung erlangen (Tosefta Sanhedrin 13,2), bleibt die Tatsache bestehen, daß im Christentum der Glauben an Christus und nicht gute Taten der Weg zur Erlösung sei, da, wie Paulus logisch ableitet, die Kreuzigung keinen Sinn hätte, wenn man durch gute Taten Erlösung erlangen könnte und Christus vergeblich gestorben wäre (Gal 2,21).

Christliche Dogmen und das Judentum

Das Christentum unterscheidet sich in drei Hauptdogmen vom Judentum: der Erbsünde, dem Zweiten Kommen und der Versöhnung durch den Tod Jesu. Für Christen sind diese Glaubensgrundsätze nötig, um ansonsten unklärbare Probleme zu lösen. Für Juden sind diese Glaubensprinzipien jedoch nicht notwendig, denn die ihnen zugrundeliegenden Probleme existieren für sie gar nicht.

Erstes christliches Problem: die Erbsünde

Die christliche Lösung: Die Annahme Christi durch die Taufe.
Paulus schreibt: »Die Sünde kam in die Welt durch einen Menschen (...) So wie durch eines Menschen Sünde die Verdammnis gekommen ist, so führt eines Menschen Gerechtigkeit zur Rechtfertigung des Lebens aller Menschen. So wie durch eines Menschen Ungehorsam viele zu Sündern geworden sind, werden durch eines Menschen Gehorsam viele zu Gerechten (Röm 5,12,18–19). Diese Erlösung durch Taufe wurde in den »Verordnungen des Konzils von Trient« (1545–65) bestätigt: »Da der Sündenfall den Verlust der Rechtschaffenheit verursacht hat, und da Erbsünde durch Generationen und nicht durch Nachahmung vermittelt wird, wird alle Sünde und alle Schuld der Erbsünde durch die Taufe aufgehoben«.[40]
Im Judentum ist die Erbsünde kein Problem. Die Vorstellung, daß wir als Sünder geboren wurden, ist alles andere als jüdisch. Jeder Mensch wird unschuldig geboren. Er selbst trifft die Wahl zu sündigen oder nicht.

Zweites christliches Problem: Die messianischen Prophezeiungen wurden nicht erfüllt, als Jesus kam

Die christliche Lösung: Das zweite Kommen Jesu Christi.
Für die Christen ist ein zweites Kommen Christi nötig, damit Jesus die messianischen Prophezeiungen erfüllen kann, die er zu seinen Lebenszeiten hätte erfüllen sollen. Jüdisch gesprochen ist das kein Problem, denn Juden hatten nie einen Grund zu glauben, daß Jesus der Messias war. Diese Lösung ist auch deshalb für Juden nicht annehmbar, weil die jüdische Bibel ein zweites Kommen nie erwähnt.

Drittes christliches Problem: Die Menschen können Erlösung nicht durch ihre Taten erlangen

Die christliche Lösung: Jesu' Tod sühnt die Sünden derer, die an ihn glauben.
Auch dieses Problem existiert für das Judentum nicht, denn dem Judentum zufolge können Menschen Erlösung durch ihre Taten erlangen.

Durch die Lösung dieses Problems unterscheidet sich das Christentum grundlegend vom Judentum. Zum ersten: Welche Sünden der Menschheit sollte Jesu' Tod sühnen? Da die Bibel nur Juden verpflichtet, die Gesetze zwischen Gott und Mensch einzuhalten, konnte die nichtjüdische Welt solche Sünden gar nicht begangen haben. Die einzigen Sünden, die Nichtjuden begangen haben könnten, wären die Sünden gegen andere Menschen. Sühnt dann Jesu' Tod der Menschen Sünden gegen andere Menschen? Offenbar ja.

Dieser Doktrin tritt das Judentum mit seiner Vorstellung von moralischer Schuldfähigkeit entschieden entgegen. Laut jüdischer Lehre kann uns Gott *Selbst* die Sünden gegen einen anderen Menschen nicht vergeben. Nur der Mensch oder die Menschen, die wir verletzt haben, können uns diese vergeben.

Die Lehren Jesu Christi und das Judentum

Da Jesus pharisäisches (rabbinisches) Judentum praktiziert hat, sind seine Lehren im Einklang mit jüdischen, d. h. biblischen und pharisäischen Glaubensgrundsätzen. Es gibt jedoch eine Anzahl neuer Lehren, die im Neuen Testament Jesus zugesprochen werden –, es ist natürlich unmöglich zu wissen, ob diese Aussagen, die sich vom Judentum unterscheiden, tatsächlich von ihm stammen oder ihm nur zugeschrieben wurden.

1. Jesus vergibt alle Sünden: »Der Menschensohn hat die Vollmacht, auf Erden die Sünden zu vergeben« (Mt 9,6). Der Glaube, der Jesus mit Gott gleichstellt (eine ketzerische Vorstellung in den Augen des Judentums), ist eine radikale Abwendung vom Judentum. Wie bereits erwähnt, glaubt das Judentum, daß Gott Selbst nicht alle Sünden vergibt; Er begrenzt seine Macht und vergibt nur diejenigen Sünden, die gegen Ihn begangen wurden. Wie die Mischna lehrt: »Der Tag der Versöhnung versöhnt die Sünden gegen Gott, nicht die Sünden gegen die Menschen, es sei denn, die verletzte Seite wurde beschwichtigt« (Yoma 8,9).

2. Jesu' Verhalten gegenüber bösen Menschen: »Biete dem bösen Menschen keinen Widerstand. Im Gegenteil, wenn dich jemand auf die rechte Wange schlägt, biete ihm auch die andere dar«

(Mt 5,38–9) und »Liebet eure Feinde und betet für eure Verfolger« (Mt 5,44). Das Judentum hingegen fordert, daß dem bösen Menschen machtvoller Widerstand entgegengesetzt wird. Eines vieler Beispiele für diese Haltung ist die Tat Moses', der den ägyptischen Sklavenaufseher tötete, als dieser einen jüdischen Sklaven schlug (2 Mose 2,12). Ein zweites Beispiel ist das oft erwähnte biblische Gebot: »Brenne das Böse aus deiner Mitte« (5 Mose 7,17). Gleichermaßen verlangt das Judentum auch nicht, daß man seinen Feinde lieben muß – obwohl es völlig unwahr ist, wie Matthäus zu behaupten, das Judentum gebiete, seine Feinde zu hassen (siehe Mt 5,43) –, sondern es verlangt, daß man seinen Feinden gegenüber gerecht handelt. Einem Juden gebietet man z. B. nicht, einen Nazi zu lieben, wie das die Aussage in Matthäus fordert.[41]

3. Jesu' Behauptung, daß Menschen nur durch ihn zu Gott kommen können: »Keiner kennt den Vater außer dem Sohn, und niemand kennt den Vater denn nur der Sohn und wem der Sohn es will offenbaren«. Mt 11,27 unterscheidet sich vom jüdischen Glauben, in dem jeder direkten Zugang zu Gott hat, denn »Gott ist allen nahe, die Ihn anrufen« (Ps 145,18). Die Auswirkung obiger Aussage – bis zum heutigen Tag von vielen Christen so geglaubt – ist, daß nur jemand, der an Jesus Christus glaubt, d. h. ein Christ, zu Gott kommen kann. Das Judentum hält daran fest, daß jeder zu Gott kommen kann, auch ohne Jude zu sein.

Warum akzeptieren die Juden Jesus nicht als den Messias?

Das Judentum glaubt nicht, daß Jesus der Messias war, denn er erfüllte keine der messianischen Prophezeiungen. Die Hauptprophezeiung über die messianischen Tage besagt, daß »eine Nation ihr Schwert nicht mehr gegen die andere erheben wird, noch werden sie hinfort lernen Krieg zu führen« (Jes 2,4, siehe auch Jes 2,1–3; 11,1–10). Der Weltfrieden muß den Messias begleiten, und wenn dieser Frieden nicht kommt, ist auch der Messias nicht gekommen. Der Talmud berichtet, daß im zweiten Jahrhundert der größte Weise seines Zeitalters, Rabbi Akiva, glaubte, Simon Bar Kochba sei der Messias. Als Bar Kochbas

Revolte gegen die Römer jedoch niedergeschlagen wurde, erkannte Rabbi Akiva, daß Bar Kochba nicht der Messias gewesen sein konnte (obwohl man ihn immer noch als einen im Grunde rechtschaffenen Menschen betrachtete), denn nach der Bibel wird der Messias weltweit Frieden stiften und den Juden eine friedliche und unabhängige Existenz in Israel ermöglichen. Seit über 1900 Jahren ist es offensichtlich, daß die messianischen Tage des Friedens noch nicht gekommen sind, aber die Christen behaupten immer noch, daß Jesus der Messias gewesen sei. Wie ist das zu erklären? Laut christlicher Lehre gibt es ein zweites Kommen Christi: Jesus wird dann die messianischen Prophezeiungen erfüllen, die ursprünglich von ihm erwartet wurden. Für Juden jedoch ist diese Erklärung nicht befriedigend, und die Idee eines zweiten Kommens ist nirgends in der Bibel zu finden. In der Tat erscheint es wahrscheinlich, daß diese Idee nicht einmal Jesus selbst bekannt war, denn er sagte seinen Anhängern, daß einige von ihnen immer noch leben würden, wenn sich alle messianischen Prophezeiungen verwirklichen würden (Mk 9,1; 13,30). Diese Idee des zweiten Kommens wurde offenbar von späteren Christen formuliert, um zu erklären, warum Jesus versagte und die messianischen Prophezeiungen nicht erfüllte.

Und was christliche Versuche betrifft, die jüdische Bibel zu zitieren, um zu »beweisen«, daß Jesus der Messias sei, hat David Berger, ein Experte auf diesem Gebiet und Professor für Geschichte an der städtischen Universität von New York, geschrieben: ». . . wir haben überwältigende Beweise, daß der Messias nicht gekommen ist, aber gegen diese Beweise werden wir mit einer zweifelhaften Sammlung von isolierten Versen konfrontiert, die gewaltsam aus dem Kontext gerissen und immer falsch interpretiert sind.«[42]

Ein gewöhnliches Beispiel einer solchen Mißinterpretation ist die Übersetzung und Bedeutung, die Christen Jes 7,14 gegeben haben: »Siehe, eine junge Frau *(almah)* wird empfangen ...« In Mt 1,22–3 wurde der Vers in »eine Jungfrau wird empfangen« geändert und fast zweitausend Jahre lang als »Beweis« dafür zitiert, daß die jungfräuliche Geburt von Jesus in der Bibel prophezeit war. Aber *almah* bedeutet nicht Jungfrau; das hebräische Wort für Jungfrau ist *betulah* (siehe 3 Mose 21,3; 5 Mose 22,19; 23,28 und Hesekiel 44,22). Wenn Jesaja von einer Jungfrau gesprochen hätte, hätte er das Wort *betulah* benutzt. Der Kontext, in dem der Vers erscheint, macht die christologische Bedeutung ebenfalls unhaltbar. Die Verse in Jesaja beschreiben Ereignisse, bei denen Ahaz (ein König in Judäa zu Jesajas Lebzeiten) anwesend sein sollte, das war siebenhundert Jahre vor Jesus.

Ein zweites und bedeutenderes Beispiel dafür, einen jüdischen Text zu christianisieren, ist die Interpretation von Jes 53 als christologischen Hinweis. In Kapitel 53 spricht Jesaja von einem leidenden und verachteten »Knecht Gottes.« Die Meinung einiger Christen, daß sich das auf Jesus beziehe, ist ein purer Glaubenssatz, der keinerlei logische Basis im biblischen Text hat. Der »Knecht Gottes« ist entweder der Prophet selber, der, wie alle jüdischen Propheten, für seinen Dienst an Gott litt, oder das Volk Israel, auf das in den vorhergehenden Kapiteln von (Jes 41,8,9; 44,1,2,21,26; 45,4; 48,20; 49,3) neunmal ausdrücklich mit der Bezeichnung »Knecht Gottes« Bezug genommen wurde. Diese Christianisierung eines bedeutenden jüdischen Konzepts ließ Eliezer Berkovits schreiben: »Gottes auserwähltes Volk ist der leidende Knecht Gottes. Das majestätische dreiundfünfzigste Kapitel von Jesaja, die Beschreibung von Israels Märtyrertum durch die Jahrhunderte [und] der Behandlung durch das Christentum, läßt Jesajas Schilderung um so besser, tragischer und wahrhaftigerweise zu Israel passen. Generation für Generation haben die Christen ihre Sünden und Unmenschlichkeit über das Haupt von Israel ausgeschüttet: »Sie hielten es für geschlagen, von Gott zerschmettert und leidend.«[43]

Zum Glück haben in den letzten Jahren viele christliche Gelehrte die Illegitimität von Versuchen, Jesu' Messianität aus jüdischen Quellen zu »beweisen«, anerkannt. J. C. Fenton schrieb in seinem *Gospel of St. Matthew* [Gospel des Heiligen Matthäus]: »Es wird heute allgemein anerkannt, daß das Alte Testament keine Sammlung von detaillierten Vorhersagen zukünftiger Ereignisse ist, die erst Jahrhunderte später verstanden werden können. Die Verfasser des Alten Testaments haben in der Tat für ihre Zeitgenossen in einer Art und Weise geschrieben, die von ihnen verstanden werden konnte, und sie beschrieben Dinge, die mehr oder weniger in ihrem eigenen Leben geschahen. Daher ist die Benutzung des Alten Testaments durch Matthäus ... nun ein Stolperstein für den Leser dieses Evangeliums im zwanzigsten Jahrhundert.«[44] Der anerkannte christliche Gelehrte und Theologe W. C. Davies schreibt, daß die Evangelien die jüdische Bibel selektiv zitieren: »Es gab einige Prophezeiungen, die sie ignorieren und andere, die sie verändern.«[45] Ein anderer christlicher Gelehrter, R. Taylor, bemerkte in seinem Kommentar zu Ps 16,8–10, daß die neutestamentliche Auslegung die klare Absicht des Psalmisten mißversteht.

Zusammenfassend ist zu sagen, daß es für den Juden untragbar ist, eine Person den Messias zu nennen, die nicht wirklich das messianische Zeitalter hervorbringt. Jemanden mit Gott gleichzustellen, wie es das normative Christentum tut, ist für Juden mehr als unerträglich. Es ist gegen ihr Ideal des Monotheismus.

Zusammenfassung

Obwohl es bedeutende Unterschiede zwischen Judentum und Christentum gibt, sollten diese Unterschiede kein Hindernis in der Entwicklung von engen Beziehungen zwischen Juden und Christen darstellen. In der Tat kämpfen viele Christen in vorderster Linie für eine ethisch monotheistische Welt; und wir teilen mehr Werte mit ihnen als mit einigen unserer jüdischen Genossen. Was die Unterschiede zwischen Judentum und Christentum betrifft, gilt, was Trude Weiss-Rosmarin geschrieben hat: »Die Vorstellung, daß Judentum und Christentum, um harmonische Beziehungen zu unterhalten, eigentlich eins sein müssen, ist eine totalitaristische Verwirrung. Denn Demokratie gründet sich auf die Überzeugung, daß Verschiedenheiten und Unterschiede kein Grund oder gar eine Rechtfertigung für Ungleichheit sind ... Im Grunde verlangen wir nicht, daß alle Amerikaner für dieselbe Liste stimmen, um die nationale Einigkeit zu unterstützen.«[46]

Der letzte Punkt ist von entscheidender Bedeutung. Während wir nicht fordern können, daß alle Amerikaner für dieselbe Partei stimmen, meinen wir, es sei eine legitime Forderung, daß sich alle Amerikaner dem demokratischen Prozeß verpflichtet fühlen.

Wenn diese Wertschätzung für Demokratie geteilt ist, dann gibt es auch Raum für Nichtübereinstimmung. Dasselbe trifft auch für Religion zu. Ebenso wie wir ein Engagement für den demokratischen Prozeß auf seiten der Republikaner als auch auf seiten der Demokraten voraussetzen, so setzen wir auch voraus, daß sich Christen und Juden vorgenommen haben, im ethischen Monotheismus zu leben und ihn zu verkünden.
Heutzutage benötigen wir weitere christlich-jüdische Diskussionen, um ein Programm zu formulieren, das »die Welt unter der Königsherrschaft Gottes perfektionieren« will. Die westliche Welt versinkt im säkularen moralischen Relativismus, im Materialismus und Hedonismus. Unser Dialog muß deshalb nicht von dem Wunsch motiviert sein, sich gegenseitig zur Konversion zu bewegen, sondern von dem Wunsch, eine säkulare amoralische Welt in eine religiöse und moralische Welt zu verwandeln.

Marxismus und Kommunismus

> Recht kann niemals höher stehen als die ökonomische Struktur der Gesellschaft und die kulturelle Entwicklung, die dadurch determiniert wurde. Wir weisen deshalb jeden Versuch zurück, uns irgendein religiöses Dogma als ein ewiges, höchstes und für immer unveränderliches moralisches Gesetz aufzubürden. (...)
>
> – KARL MARX,
> *Das Kapital*

> Wir sagen, daß unsere Moral ganz und gar dem Interesse des Klassenkampfes des Proletariats untergeordnet ist. (...) Wir glauben nicht an eine ewige Moral. (...) Wir lehnen alle Moral ab, die von nichtmenschlichen [d. h. Gott] und nichtklassenbezogenen Konzepten stammt.
>
> WLADIMIR ILJITSCH LENIN,
> *Ansprache zum Dritten Kongreß der Russichen Jungkommunistischen Liga,*
> 2. Oktober 1920

> ... denn für den Marxismus gibt es keinen Anlaß (buchstäblich keinen Grund: unser Universum, so stellt es diese Bewegung dar, ist ein Universum, in dem es keine vorstellbaren Gründe gibt), einen Menschen nicht zu töten, zu foltern oder auszubeuten, wenn seine Liquidation, Folter oder Sklavenarbeit den historischen Prozeß vorantreiben wird.
>
> PROFESSOR WILFRED CANTWELL SMITH,
> *Islam in Modern History*
> [Der Islam in der modernen Geschichte]

> Ihr sollt kein Unrecht tun im Gericht; du sollst den Geringen (Arbeiter) nicht vorziehen, aber auch den Mächtigen (Kapitalist) nicht begünstigen, sondern in Gerechtigkeit sollst du deinen Mitmenschen richten.
>
> 3 Mose 19,15

Motivierende Ziele

Marxismus und Judentum sind beide beseelt von dem Wunsch, die Welt zu verbessern und die Utopie auf Erden zu verwirklichen. Es ist das Judentum, das der Menschheit zuerst eine utopische und messianische Vision von der Menschheit vermittelt hat: Angefangen bei Gottes Versprechen an Abraham, den ersten Juden: »Durch dich werden alle Geschlechter der Erde gesegnet sein« (1 Mose 12,3) bis zu der einzigartigen Idee universeller Brüderschaft und universellen Friedens bei den Propheten (vgl. Jesajas Aufforderung an die Völker, »ihre Schwerter zu Pflugscharen zu schmieden«).

Marxismus ist ein säkularer Sprößling der jüdischen Mission von der Verbesserung der Welt. Nur in diesem Zusammenhang sind Karl Marx' Messianismus und Utopismus erklärbar. Das Denken dieses Enkels zweier orthodoxer Rabbis ist tief im moralischen Denken des Judentums verwurzelt. Wie der [nichtjüdische] Gelehrte Edmund Wilson in seiner Geschichte des Sozialismus schreibt: »Die charakteristische Begabung des Juden ist hauptsächlich eine moralische Begabung. (...) Kein anderer als ein Jude [Marx] hätte so kompromißlos und hartnäckig für den Sieg der besitzlosen Klassen gekämpft.«[47]

Um die wesentlichen Unterschiede zwischen Marxismus und Judentum zu finden, darf man deshalb nicht die Ziele betrachten.

Das System

Dieses ist das zweite Gebiet, in dem es mehr Gemeinsamkeiten als Unterschiede zwischen Marxismus und Judentum gibt. Beide sind allumfassende Weltanschauungen. In der Tat können sie beide eine Religion genannt werden.

Da es nicht überraschend ist, daß wir das Judentum als eine Religion bezeichnen (obwohl es mehr als das ist), lassen Sie uns erklären, warum wir den Marxismus eine Religion nennen.

Für den gläubigen Marxisten ist Marxismus eine Religion. Er hat seine eigenen Götter (Mensch und materialistischer Fortschritt), seine Propheten (Marx), seine Apostel (Lenin, Stalin, Mao), absolute (materialistische), ethische (proletarische Solidarität) und utopische Visionen, alles umfassende Antworten, eine Gemeinde von Gläubigen, Traditionen, Schismen und sogar Kirchen (zuerst Moskau und seit der chinesischen Reformation Beijing und andere kleinere Kirchen). »Das religiöse Wesen des Marxismus wurde oberflächlich durch Marx' Ablehnung traditioneller Religionen verborgen. (...) Wie auch das mittelalterliche Christentum liefert das Marx'sche System eine integrierte, alles umfassende Sicht der Realität, eine Organisation allen Wissens in einem miteinander verbundenen Ganzen, ein Nachschlagewerk, in dem alle möglichen, wichtigen Fragen beantwortet werden oder beantwortbar gemacht werden.«[48]

Marxismus und Judentum mögen ähnliche Ziele haben und beide allumfassende Weltanschauungen darstellen, aber in fast jeder anderen Hinsicht stehen sie sich diametral gegenüber.

Das höchste Wesen

Der offensichtlichste Unterschied betrifft Gott und Mensch. Während für das Judentum gilt: »Gott ist der Herr, und es gibt keinen anderen,« ist Marx zufolge das höchste Wesen für den Menschen der Mensch selber. Der Mensch ist Gott und umgekehrt, wie Engels schrieb, der behauptete, Gott sei Mensch. Außerdem ist der marxistische Mensch/Gott ein eifersüchtiger Gott, der keine anderen Götter toleriert; Marx schrieb, daß das menschliches Selbstbewußtsein die höchste Gottheit ist, an deren Seite keine andere geduldet werden soll. Da der jüdische Gott den Menschen übersteigt und auch keine anderen Götter toleriert, scheinen die Grenzen zwischen Marxismus und Judentum klar gezogen zu sein. Wie wir aber sehen werden, ist dieser Unterschied nicht so bedeutend wie seine Konsequenzen.

Moral

Der Marxismus leugnet die Existenz Gottes, und wie wir in der ersten Frage gesehen haben, wird Moral relativ, sobald Gott verneint wird, und existiert deshalb objektiv nicht. Marxisten von Marx bis Lenin und Mao sind sich darüber einig, daß Moral (für die Klasse) relativ ist, daß jedes revolutionäre Verhalten moralisch gerechtfertigt ist, und daß wer sich solchem Verhalten aus moralischen Gründen widersetzt an »bourgeoiser Moral leidet«. »Recht kann niemals höher stehen als die ökonomische Struktur der Gesellschaft und die kulturelle Entwicklung, die dadurch determiniert wurde. Wir weisen deshalb jeden Versuch zurück, uns irgendein religiöses Dogma aufzubürden als ein ewiges, höchstes und für immer unveränderliches moralisches Gesetz, unter dem Vorwand, daß auch die moralische Welt permanente Prinzipien habe, die sich über Geschichte und Unterschiede unter den Nationen hinaus erhebe. Wir behaupten im Gegenteil, daß letzten Endes alle früheren moralischen Theorien das Produkt einer ökonomischen Entwicklungsphase sind, die die Gesellschaft zu dieser bestimmten Epoche erreicht hat.«
Lenin fügt hinzu: »Wir sagen, daß unsere Moral ganz und gar dem Interesse des Klassenkampfes des Proletariats untergeordnet ist. (...) Wir glauben nicht an eine ewige Moral (...) Wir

lehnen alle Moral ab, die von nichtmenschlichen [d. h. Gott] und nichtklassenbezogenen Konzepten abgeleitet ist.«

In keinem anderen Lebensbereich ist die totale Opposition des Marxismus zum Judentum so sichtbar wie im Bereich der Moral. Marxistische Moral sanktioniert jede Handlung, solange sie »im Interesse des Klassenkampfes« ausgeführt wurde. Folglich ist die Moral jeder Handlung davon bestimmt, welcher Marxist gerade die Macht in Händen hat. Es gibt eine direkte Verbindung zwischen Marx und dem Archipel Gulag; »Klassenfeinde« in Säurefässer zu werfen (siehe Alexander Solschenizyn, Der Archipel Gulag) ist für Kommunisten kein unmoralischer Akt. Durch welchen moralischen Kodex des Kommunismus sollten auch solche Handlungen moralisch verurteilt werden?

Die marxistische Verleugnung einer universalen Moral muß zum Abbau politischer Freiheit und zur Entstehung von Despotismus führen. Wie Professor Henry Bamford Parkes beobachtet hat: »Die Doktrin, daß alle Ideale und alle Werte gesellschaftlich bedingt seien, (...) führt zur Tyrannei des Kollektivs oder eines Diktators. Nur der Glaube an objektive rationale Wahrheit und moralische Werte kann die Freiheit erhalten, denn nur durch das Recht, sich auf objektive Wertmaßstäbe berufen zu können, sind Menschen in der Lage, die Handlungen ihrer Regierung zu beurteilen und sich ihnen zu widersetzen, wenn sie glauben, sie seien falsch.«[50]

Das Judentum hingegen hat der Welt den ethischen Monotheismus gegeben, objektive moralische Werte, ohne die eine Willkürherrschaft unvermeidlich wird. Persönliches moralisches Verhalten ist die Essenz des Judentums; für den Marxismus aber ist es irrelevant. Der Einwand, Stalin sei ein Fehltritt gewesen oder, in marxistischer Terminologie, ein »Abweichler«, mag in bezug auf seine Wirtschaftspolitik richtig sein – auf dem Gebiet der Moral jedoch ist dieses Argument unhaltbar. Erstens gibt es im Marxismus nichts, was Stalins unmoralische Ermordung von 18 Millionen Menschen, die er zu Feinden der arbeitenden Klasse erklärt hatte, erklären könnte. Nur jemand, der der Ansicht ist, daß Moral jenseits wirtschaftlicher, nationaler und individualer Interessen steht, könnten solche Handlungen moralisch rechtfertigen. Aber eine Moral, die sich über »die Geschichte und die Unterschiede zwischen den Völkern hinaus erhebt« ist genau das, was der Marxismus ablehnt. Zum zweiten war Stalin nicht der erste, der Terror für marxistische Ziele anwendete. Er steigerte nur den Terror, mit dem Lenin und andere Marxisten geherrscht hatten. Die einzige Ausnahme dazu bestätigt nur die Regel: »In einer Schrift von 1920 verurteilte Lenin den Terrorismus (z. B. politische Attentate), denn die Bolschewiken waren zu dieser Zeit der Ansicht, daß dies die proletarische Bewegung schwäche, da die Massen zu dem Glauben ermutigt würden, die Revolution könnte von ein paar »heroischen Individuen« für sie gewonnen werden, anstatt sie selber durchzuführen. Aber er zeigte sorgfältig auf, daß dieser Einspruch »natürlich nur auf praktischen Erwägungen basiere« und Marxisten natürlich solche Methoden verwenden dürfen, wenn sie erfolgreich scheinen.«[51] Drittens verehrten zu Stalins Lebzeiten alle Menschen, die sich als Marxisten betrachteten, Stalin als einen wahren Marxisten.[52]

Die Determinanten menschlichen Verhaltens

Der Marxismus behauptet, daß die Wirtschaft die Hauptdeterminante menschlicher Geschichte sei. Folglich müsse man die ökonomischen Kräfte betrachten, um die Quelle antisozialen Verhaltens zu finden. Die bösen Taten der Menschen seien eine direkte Folge ihrer ökonomischen Lage.

Obwohl sich das Judentum der Bedeutung von Wirtschaft und Gesellschaft bewußt ist und versucht, sie moralisch zu beeinflussen, besteht es darauf, daß vor allem die menschliche Natur das Verhalten des Menschen bestimmt. Die Habgier in der menschlichen Natur mag dazu beigetragen haben, den Kapitalismus zu erzeugen, aber der Kapitalismus brachte nicht die Habgier in die Natur des Menschen. Die Menschen erschaffen ihre Gesellschaft, und in einer bösen Gesellschaft wird vom einzelnen erwartet, daß er sich über sie erhebt. Es waren Menschen und nicht ökonomische Kräfte, die Auschwitz und den Archipel Gulag errichteten. Um diesen wichtigen Punkt zu betonen, beginnt die Bibel mit zwei Moralgeschichten. Zuerst erzählt sie von den zweiten Menschen der Geschichte, von Kain und Abel, und stellt einen der beiden als Mörder dar! Das Wesentliche dieser Geschichte ist die Aussage, daß das Böse aus dem Inneren des Menschen kommt, denn es existierte keine Gesellschaft, die den zweiten Menschen in der Welt verdarb. Danach erzählt die Bibel die Geschichte des Noah, des einzigen moralischen Menschen auf der Welt, der deshalb der einzige war, den Gott vor der Sintflut errettete. Die Bibel macht jeden Menschen in der Welt für sein unethisches Verhalten verantwortlich, obwohl die ganze Welt bis auf Noah böse war.

Wege zur Perfektion

Da laut Marxismus die Wirtschaft den Verlauf der Geschichte bestimmt und darin alles Böse verursacht, muß die existierende ökonomische Ordnung gestürzt werden. Deshalb muß ein Marxist daran arbeiten, die Revolution herbeizuführen.

Das Ziel des Judentums ist es, das Problem einer ungerechten Welt zu lösen, aber es weist Revolution als Lösung zurück, denn die Wurzeln des Bösen und der Ungerechtigkeit liegen nicht in der Wirtschaft oder Gesellschaft, sondern im Menschen selber. Folglich ist das Judentum ein System, das zunächst die Individuen verändern will, bevor dann diese und mit ihnen auch das Judentum jemals hoffen können, erfolgreich die Welt zu verbessern. Das ist ein zugegebenermaßen beträchtlich langsamerer und deshalb auch weniger romantischer Prozeß als Revolutionen zu schüren; und viele Menschen halten die Forderung des Judentums für zu moderat, verglichen mit der persönlichen moralischen Anarchie, eine Revolution anzuzetteln. Aber die Methode des Judentums, seine Ziele zu erreichen, ist unendlich effektiver, denn wenn marxistische Revolutionäre an die Macht gekommen sind, sind sie mindestens ebenso grausam wie ihre Vorgänger. Warum sollten sie es auch nicht sein? Haben diese »Revolutionäre« denn höhere moralische Maßstäbe? Es gibt einfach keinen Grund, darauf zu vertrauen, daß solche Revolutionen moralische Resultate hätten, denn die Menschen, die an die Macht kommen, sind nicht besser und oft schlechter als jene, die sie ersetzen. Der

Niedergang der idealistischen Theorien von Marx bis zu Massenbrutalitäten ohne Beispiel (außer denen Hitlers) von Lenin, Stalin, Mao, Breschnew, dem Kambodschaner Pol Pot und anderen Kommunisten, die an die Macht kamen, sollte niemanden überraschen. Dies ist unvermeidlich in einem System wie dem des Marxismus, dem persönliche moralische Verantwortung fehlt, und das behauptet, zuerst müßten die ökonomischen Institutionen, nicht die Menschen, geändert werden.

Menschliche Natur

An dieser Stelle sollte klar sein, welche unterschiedlichen Positionen Judentum und Marxismus hinsichtlich der Natur des Menschen vertreten. Da der Marxismus behauptet, daß in erster Linie ökonomische Kräfte für das Böse verantwortlich seien, was Menschen verbrechen, und da die marxistische Lösung für antisoziales Verhalten eine Revolution ist, muß der Marxismus von der Annahme ausgehen, daß die Menschen grundlegend gut seien. Es kann gar nicht anders sein, denn wenn Marx annähme, daß Menschen ungeachtet ihrer ökonomischen Lage Böses tun würden, wären seine Weltverbesserungstheorien wertlos.

Um die These, daß die menschliche Natur natürlicherweise gut sei, »wissenschaftlich« glaubhaft zu machen, schrieb Engels im Jahr 1884 *Der Ursprung der Familie.* Das Buch, das auf den heute in Verruf geratenen Schriften des amerikanischen Anthropologen Lewis Morgan basiert, zeigt angeblich, daß der Urmensch ein wirklich wunderbarer Kerl war, der nur durch die Entstehung der Technik und des Eigentums verdorben wurde. Demzufolge lebte der primitive Mensch in einer Art idealer, primitiver, kommunistischer Gesellschaft, in der Kooperation und Nichtausbeutung die Regel und die ganze Menschheit eine große glückliche Familie war. Bis zur Entstehung von Eigentum, Klassen und »selbstentfremdender Arbeit« lebten die Menschen in diesem Zustand der Tugend, den wir nur in einer kommunistischen Gesellschaft wiedererreichen können. Dann wird kein ökonomisches Hindernis die Menschen davon abhalten, ihre wahre Natur, d. h. Güte und Tugend, zu leben.

Was des Menschen angeborene Güte oder aber Schlechtheit betrifft, so bezieht das Judentum eindeutig Position. In den ersten Beschreibungen des Menschen in der Torah finden wir den Satz, daß »der Trieb des menschlichen Herzens (oder des Geistes) von Jugend an böse ist« (1 Mose 8,21).[53] Das bedeutet allerdings nicht, daß das Judentum glaubt, der Mensch sei von Natur aus böse, aber da der Mensch natürlicherweise egoistisch und nicht altruistisch ist, fällt es ihm leichter, Böses zu tun als Gutes. Wir müssen Güte lehren und uns dazu erziehen, Gutes zu tun. Der Mensch muß korrigiert werden, um sein »Es« oder seine produktiven Kräfte schöpferisch eher zum Guten als zum Bösen zu lenken. »Der Mensch hat Gift in sich,« sagt der Talmud, »und die Torah ist das Gegengift dazu« (Kiddushin 30b).

Marx lebte zu einer Zeit, in der die Menschen trunken vor Optimismus waren. Der westliche Liberale des neunzehnten Jahrhunderts betete den Menschen an: Es war das Zeitalter des entfesselten Prometheus. Wir aber, die wir nach den Freudschen Enthüllungen, nach Auschwitz, dem Archipel Gulag und mit täglichen Berichten über Sadismus und mutwillige Grausamkeit leben, weisen den naiven Glauben an das »gute Tier« zurück. Der moderne Mensch unterscheidet sich in seiner Natur nicht vom primitiven Menschen. Wir alle haben die Fähigkeit, Kain zu sein. Jeder Mensch muß wie der erste Mensch auf Erden mit seiner moralischen Schwäche kämpfen.

Die Marxisten behaupten, daß die Menschen grundlegend gut seien. Wie gut allerdings sind die Menschen, wenn man nur die Wirtschaft braucht, um sie dazu zu bringen, Böses zu verüben? Wie erklären Marxisten das gänzlich unterschiedliche ethische Verhalten verschiedener Völker, die derselben ökonomischen Klasse angehören und unter denselben Bedingungen leben? Außerdem, wenn wir grundlegend gut sind und ökonomische Faktoren jenseits unserer Kontrolle unsere Handlungen bestimmen, wie können es Marxisten dann gutheißen, »Klassenfeinde« zu verletzen, deren einziger Fehler es war, in die falsche Klasse hineingeboren worden zu sein? Die Antwort auf all diese Fragen ist, daß für den Marxismus das Individuum nicht zählt. Für

Marxisten besitzen nicht Individuen, sondern nur soziale Klassen endgültige Realität.
Nach der Lehre des Judentums muß der Mensch zuerst an sich selber arbeiten, um gut zu werden; im Marxismus ist der Mensch von Anfang an gut, und nicht er, sondern die Gesellschaft, muß sich ändern.

Freiheit

Beide Systeme, sowohl das Judentum als auch der Marxismus, kreisen in großem Umfang um die jeweilige Vorstellung von Freiheit. Aber ihre Konzepte unterscheiden sich tiefgreifend.
Für den Marxismus, der sich die Welt in materialistischen Kategorien vorstellt, ist Unfreiheit nur als sklavische Abhängigkeit von äußerlichen Quellen wie Sklavenhaltern, kapitalistischen Bossen oder anderen Formen materialistischer Ungleichheit definiert. Freiheit ist die Befreiung von solcher Knechtschaft; sie bedeutet für den Arbeiter den Verlust seiner Ketten.
Für das Judentum spielt die Freiheit eine entscheidende Rolle. Man kann sagen, daß die jüdische Geschichte mit der Befreiung der Juden aus Ägypten, aus »dem Haus der Sklaverei«, begann, und der Schabbat wie auch das Passahfest haben ihre Wurzeln im Thema der Befreiung. Aber auch das Judentum hält die Menschen für doppelt versklavt: äußerlich und innerlich. Wenn nun die Befreiung von der äußerlichen Knechtschaft stattgefunden hat, dann muß man sich von der innerlichen Vorherrschaft befreien: der Beherrschung des Lebens durch Leidenschaft, Bedürfnisse, Irrationalität und Wünsche. Deshalb betrachtet das Judentum die antiken Juden sogar nach dem Auszug aus Ägypten nicht als vollständig befreit; sie waren nur äußerlich frei. Erst mit dem Empfang des Gesetzes am Sinai konnten sie mit dem schwierigen Prozeß beginnen, sich selbst von inneren Herren zu befreien und dadurch volle Freiheit zu erlangen: Laut Talmud ist »der Mensch nicht frei, wenn er sich nicht mit der Torah verbindet« (Sprüche der Väter 6,2).
In den gutgewählten Worten Robert Tuckers von der Universität Princeton ist: »Freiheit die einzige Möglichkeit, das Problem der Unfreiheit zu lösen, ansonsten ist Freiheit keine Lösung, sondern

nur eine Gelegenheit. Ein Mensch ist erst dann erwachsen, wenn er die Freiheit realisieren kann und würdige Lösungen des Problems menschlicher Existenz in Freiheit findet.«[54]
Tuckers Worte spiegeln die Freiheitsauffassung des Judentums. Das Judentum begnügt sich nicht mit äußerlicher Befreiung. Anders der Marxismus. Nach Marx ist alles, was der Mensch braucht, äußerliche Freiheit, denn »Freiheit … ist die Essenz des Menschen … Kein Mensch kämpft gegen Freiheit.«[55] Aber wie würde Marx die massive »Flucht vor der Freiheit« erklären, um die berühmten Worte Erich Fromms zu benutzen, womit die Anziehungskraft des Totalitarismus auf Menschen des zwanzigsten Jahrhunderts gemeint ist. Marx mußte das nie tun; er lebte im Jahrhundert des Glaubens an den Menschen.
Heute wissen wir jedoch, daß alle, die glauben, die Essenz des Menschen sei Freiheit und der Mensch brauche deshalb keine inneren Kontrollen, Gesellschaften produziert haben, die viel unfreier sind als diejenigen, die verstanden, daß »die Neigung des menschlichen Herzen böse ist von Jugend an« und deshalb die Notwendigkeit für Selbstdisziplin und innere Kontrollen betonen. Alexis de Tocqueville prophezeite korrekt: »Derjenige, der in der Befreiung etwas anderes sucht als die Freiheit selbst, ist zur Knechtschaft verdammt.«
Solange wir von Freiheit nur als Befreiung von äußerlichem Bösen denken und weiterhin die Notwendigkeit innerer Kontrollen ignorieren, besteht nicht die geringste Chance, daß die Gewalttätigkeit in der Welt oder der Menschen sich verringert oder daß die Freiheit zunehmen wird.
Letztlich muß man die gesamte marxistische Vorstellung menschlicher Freiheit in Frage stellen. Wenn das Verhalten der Menschen wirklich durch ihre Klassenzugehörigkeit und durch ökonomische Verhältnisse bestimmt ist, wie frei sind wir dann? Wenn wir so hilflos ökonomischen Kräften gegenüberstehen, sind wir dann wirklich »im wesentlichen frei«?
Wie Menschen an sich arbeiten müssen, um gut zu werden, so müssen sie auch, laut Lehre des Judentums, daran arbeiten, sich frei zu machen. Der Marxismus sieht keine solche Notwendigkeit.

ABSCHLIESSENDE BEMERKUNG

Wenn der Marxismus nur eine ökonomische Philosophie wäre, bestünde gar keine Notwendigkeit, ihn dem Judentum gegenüberzustellen. Das Judentum liegt mit keinem Wirtschaftssystem in Streit, solange dieses moralisch ist. Ein guter Jude kann in einer kapitalistischen Gesellschaft oder in einer sozialistischen Gesellschaft (vgl. die Kibbuzim in Israel) leben.

Aber der jüdische Konflikt mit Marxismus und Komunismus ist nicht ökonomischer, sondern moralischer Natur. Marxismus ist nicht nur eine ökonomische Sicht, es ist eine allumfassende »wissenschaftliche«, philosophische, moralische und politische Weltanschauung. Letztendlich gibt es größere Auseinandersetzungen als die des Marxismus und Kommunismus gegen den Kapitalismus wie die Frage der Materie gegen die Transzendenz, der Vorbestimmung gegen die Freiheit, der relativen Moral[56] gegen die universale Moral und der angeborenen Güte des Menschen gegen seiner potentiellen Güte.

Die Streitpunkte, die das Judentum vom Marxismus trennen, sind so groß und zahlreich, daß wir den letzten Kampf in der Welt von heute als einen Kampf zwischen Moses und Marx, zwischen Monotheismus und Totalitarismus beschreiben würden.

Humanismus

Vernunft ist amoralisch, Erziehung ist amoralisch und die menschliche Natur ist amoralisch. Diese drei bilden jedoch die Grundlage des Rezepts eines säkularen Humanisten für eine moralische Welt.

Der Humanismus gefällt vielen Individuen, die sich den Idealen ethischen Verhaltens und der Verbesserung der Welt verpflichtet fühlen, obwohl sie an Gott und der organisierten Religion verzweifeln. Der Humanismus beruht auf der Annahme, daß wir Gott oder Religion nicht brauchen, um eine ethische Welt zu schaffen.

Da wir die Themen Gott und Moral, Notwendigkeit eines organisierten religiös-ethischen Systems und die Gründe, warum es ethisch handelnde Menschen gibt, die nicht religiös sind, in den ersten drei Fragen ausführlich behandelt haben, werden wir diese Diskussion nur kurz streifen.

Da beide, Humanismus und das Judentum, darauf zielen, eine ethische Welt zu erschaffen, ist die Frage sehr wichtig, wer von beiden dieses Ziel voraussichtlich am ehesten erreicht, der ethische Humanismus oder der ethische Monotheismus?

Aus folgenden Gründen – die meisten sind bereits in diesem Buch entwickelt worden – ist klar ersichtlich, daß das Judentum das effektivere ethische System darstellt.

Der Humanismus behauptet, daß Moral relativ sei. Damit kann ein Individuum frei die Definition von Gut und Böse wählen, die es vorzieht, und Moral existiert deshalb nicht; ferner wird behauptet, daß es moralische Absoluta gibt. In diesem Fall hat der säkulare Humanist einfach die auf Gott ruhenden moralischen Absoluta durch seine eigenen moralischen Absoluta ersetzt.

Da der Humanismus die Existenz Gottes verleugnet, leitet er seine moralischen Ideale vom Menschen ab. Aber von welchem Menschen? Vom klügsten, vom vernünftigsten, von einem Führer, von der Mehrheit?

Der Humanist meint, daß »moralische Werte aus der menschlichen Erfahrung abgeleitet sind«[57] Aber wer soll für uns die menschlichen Erfahrungen interpretieren? Oder kann jeder sie für sich selbst interpretieren? Humanisten sagen gewöhnlich, daß letzteres der Fall sei. Aber dann sind wir wieder bei moralischem Relativismus ohne universellen Maßstab der Moral angelangt.

Dazu meint der Humanist, daß Vernunft die Moral bilden werde. Des Humanisten Schiedsrichter zwischen Gut und Böse ist die Vernunft; für viele Humanisten ist das ihre Religion: »Vernunft oder der Versuch dazu«, schreibt Brand Blanshard, Professor der Philosophie in Yale, »nimmt den Platz des Glaubens ein. (...) Nehmen Sie die Vernunft ernst. (...) Sie wird Glauben und Verhalten frei entfalten. Wenn es irgend etwas gibt, das dazu in der Lage ist, ist es die Vernunft.«[58]

Wie wir gesehen haben, ist der Glaube, daß die Vernunft zu moralischem Verhalten führen kann, selbst irrational. Vernunft ist per se amoralisch. Sie kann dazu benutzt werden, jede Moral

und jedes Verbrechen zu rechtfertigen.[59] Wie in Frage eins erwähnt, »ist der Gebrauch der Vernunft zur Rechtfertigung von falschem Verhalten so häufig, daß wir ein spezielles Wort dafür haben – Rationalisierung.« Dazu kommt, daß die Vernunft oft mit der Moral in Konflikt gerät, da die Moral oft ein Verhalten verlangt, dem ein vernünftiges Selbstinteresse gegenübersteht. Obwohl es ein moralischer Akt gewesen wäre, hielten es wenig Menschen in dem von den Nazis besetztem Europa für vernünftig, sich den Nazi-Greueltaten zu widersetzen –, und diejenigen, die das taten, gehorchten der Moral und nicht der Vernunft.
Über die Vernunft hinaus bringen Humanisten der säkularen Erziehung und ihrem Ziel einer guten Gesellschaft großes Vertrauen entgegen. 1927 hatte Sigmund Freud in Wien geschrieben, daß die Zivilisation wenig von gebildeten Menschen und Geistesarbeitern zu befürchten habe. In ihnen würde der Ersatz für religiöse Motive durch zivilisiertes Verhalten und andere säkulare Motive unauffällig vor sich gehen.
Wie Freud in den Jahren nach dieser Aussage miterleben mußte, hat die Zivilisation von gebildeten Menschen genausoviel zu befürchten wie von ungebildeten. Freuds österreichische und deutsche intellektuelle Zeitgenossen zeigten nicht mehr moralische Einsicht oder Kraft als irgendeine andere Gruppe von Deutschen und Österreichern. Viele von ihnen unterstützten den Nationalsozialismus nicht nur, sondern nahmen, wie in den Berichten der Deutschen Medizinischen Vereinigung und in den Dokumenten aus Max Weinreichs Studie *Hitler's Professors* [Hitlers Professoren][60] zitiert, auch an dessen Greueltaten teil.
Auch zeigen wenig Intellektuelle in den Demokratien moralische Schärfe. Was z. B. die Unterstützung Stalins durch westliche Intellektuelle betrifft, hat Professor George Watson von der Universität Cambridge geschrieben: »Die veröffentlichten Beweise allein demonstrieren, daß viele westliche Intellektuelle zu Stalins Zeiten die Ausrottung befürworteten, was hieß, daß sie wollten, daß diese stattfand.«[61]
Selten gibt es eine Beziehung zwischen säkularer Erziehung und moralischem Verhalten. Genauso wie die Vernunft ein amorali-

sches Werkzeug ist, ist sie sowohl für Gutes als auch für Böses zu verwenden, ebenso ist Erziehung ein amoralisches Werkzeug.

Wir fragen deshalb den Humanisten erneut, auf wen oder was wir uns verlassen sollen, um moralische Entscheidungen zu treffen, wenn die religiöse Basis der Ethik zerstört ist?

Die dritte Säule des Humanismus, neben Vernunft und Erziehung, ist der Glaube, daß die Menschen grundlegend gut seien. Humanisten glauben an den Menschen.

In Anbetracht der massiven Grausamkeit in der menschlichen Geschichte, besonders der Schlächtereien dieses Jahrhunderts, das nicht zufällig auch das irreligiöseste der Geschichte ist, muß der Glaube des Humanisten an die angeborene Güte des Menschen für viel irrationaler gehalten werden als der Glaube der Juden an Gott und die potentielle Güte des Menschen. Man kann sich über den Glauben des säkularen Humanisten an die innere Güte des Menschen nur wundern. Keine noch so grausame Schlächterei, kein Krieg, keine Vergewaltigung, kein Verbrechen, weder Betrug noch Apathie gegenüber dem Bösen kann ihren Glauben erschüttern, daß der Mensch grundlegend gut ist. Die Popularität von Gewalt in Filmen, die Massen, die brutalen Hockeykämpfen zujubeln, und die Grausamkeit von Kindern gegenüber schwächeren Altersgenossen vermögen diesen Glauben der Humanisten nicht zu schmälern.

Vernunft ist amoralisch, Erziehung ist amoralisch, und die menschliche Natur ist amoralisch. Diese drei jedoch bilden die Grundlage des Rezepts des Humanisten für eine moralische Welt.

Der Humanismus hat nur wenige Ideale formuliert, die das Judentum in den letzten 3200 Jahren nicht verkündete, und er vermochte diese dem jüdischen Volk einzuprägen. Das Judentum jedoch bietet mindestens vier Dinge, die dem Humanismus zur Verwirklichung seiner ethischen Ideale fehlen:

1. *Ein System ethischer Gesetze.* Das Judentum besitzt das größte ethische System, das der Menschheit bekannt ist (vgl. Frage zwei – hier wird dieses System beschrieben). Hat der

Humanismus Gesetze der Wohltätigkeit, die all diejenigen binden, die humanistische Eltern haben (wie es im Judentum der Fall ist – siehe Anhang)? Gibt es dort auch ein zweihundertseitiges humanistisches Werk über den Klatsch? Gibt es irgendeinen humanistischen Gesetzeskodex, der darauf zielt, die von ihm proklamierte Ethik auch in die Tat umzusetzen? Die Antwort auf diese Fragen ist nein. Der Humanismus hat Ideale, aber kein legales System für deren Durchführung.

2. *Ein System ethischer Gesetze, die auf Gott basieren.* Das Judentum *schlägt* seinen Anhängern nicht *vor,* anderen Menschen gegenüber freundlich, ehrlich im Geschäft oder mitleidig zu Tieren zu sein; es *befiehlt* dies den Juden im Namen eines Wesens, das unendlich höher ist als sie selber oder ihre Führer.
3. *Ein System ethischer Gesetze, das für ein ganzes Volk bindend ist.* Da das Judentum die beiden oben erwähnten Systeme beherzigt – eine systematische kodifizierte Ethik und eine höhere Quelle der Moral –, haben Juden einen bindenden Ursprung der Moral, woran sie sich und andere Juden beurteilen und korrigieren. Sie können sagen: »Du hast dieses und jenes Gesetz verletzt und den Willen Gottes.« Um das ethische Verhalten religiöser Juden zu verbessern, können wir an das Judentum appellieren. Sollte aber ein Humanist Böses tun, was kann man schon zu ihm sagen? »Die menschliche Erfahrung, die Vernunft oder der Herausgeber des *The Humanist* schlägt vor, daß du dich anders verhältst?«
4. *Ein Weg der Weitervermittlung eines ethischen Systems.* Über dreitausend Jahre hat das Judentum seine Ethik von Generation zu Generation durch das Studium des Judentums und die Befolgung seiner Gesetze weitervermittelt. Durch welches System vermitteln humanistische Eltern ihren Kindern ihre ethischen Ideale?

Abschliessende Bemerkung

Welches System ist eher in der Lage, ethische Individuen auszubilden – der säkulare Humanismus oder der ethische Monotheismus, humanistische Ideale oder jüdische Praktiken und Ideale, wohlmeinende Individuen oder ein religiös motiviertes Volk?

Frage 5

Was ist die jüdische Rolle in der Welt?

Israels größte Errungenschaft war der Monotheismus, das ist so offensichtlich, daß dies zu erwähnen schon fast abgedroschen klingt. Eine Errungenschaft, die die gesamte nachfolgende Geschichte veränderte. Es ist fraglich, ob seitdem die menschliche Kultur das Steinzeitalter verlassen hat, ob irgendein anderer Beitrag, aus welcher Quelle auch immer, einen so weitreichenden Einfluß auf die Geschichte hatte wie Israel, sei es indirekt über Christentum und Islam oder direkt durch die Geisteswelt jüdischer Denker selbst.

H. UND H. H. FRANKFORT,
JOHN A. WILSON THORKILD JACOBSEN,
WILLIAM IRWIN,
The Intellectual Adventure of Ancient Man
[Das intellektuelle Abenteuer
des antiken Menschen]

Die Hebräer haben mehr als jedes andere Volk getan, um die Menschen zu zivilisieren ... Die Doktrin eines höchsten, intelligenten ... Herrschers des Universums ... halte ich für das große, lebenswichtige Prinzip aller Moral und damit der Zivilisation.

JOHN ADAMS in einem Brief an
F. A. VANDERKAMP,
16. Februar 1809

Die Juden machten Gott in der Welt bekannt und riefen alle Völker dazu auf, in Brüderlichkeit miteinander zu leben, indem sie einen moralischen, auf Gott basierenden Maßstab akzeptieren. Ihre Ideale – ein universeller Gott, ein universelles moralisches Gesetz und universelle Brüderlichkeit – wurden vor 3200 Jahren ein paar ehemaligen Sklaven in der Sinaiwüste offenbart. Warum gerade diese Gruppe von Männern und Frauen es damals auf sich nahm, »die Welt unter der Herrschaft Gottes«[63] zu bessern und diese Mission auch allen nachkommenden Generationen weiterzugeben, ist ein Mysterium, das vielleicht nur ein Frommer zu lösen vermag. Der Gott, den die Juden bekanntmachten und ihr Auftrag, die Welt zu bessern, waren in der menschlichen Geschichte[64] ohne Beispiel.

»Die Idee«, schreibt George Steiner, Professor für vergleichende Literaturwissenschaft an der Universität Cambridge, »eines unsichtbaren, unbeschreiblichen, unaussprechlichen Gottes ist vollkommen einzigartig. Soweit wir wissen, ist sie absolut einzigartig; sie macht einen verrückt, wenn man versucht, sie ernst zu nehmen.« Sie läuft völlig gegen »den menschlichen Instinkt, daß Felsen und Bäume, Blumen und Flüsse, Himmel und Sterne göttlich sind. (...)«[65]

Ob man nun glaubt, daß Mose, der »charismatische Genius«, oder ein anderes menschliches Wunderkind dafür verantwortlich ist oder nur göttliche Offenbarung eine Erklärung dafür sein kann, was am Sinai geschehen ist und für den späteren jüdischen Einfluß auf die Menschheit, bleibt die Tatsache bestehen, daß es dieses Volk auf sich genommen hat, die Welt zu verändern. Wie groß auch immer das Leiden dieses Volkes – und kein Volk mußte solch andauernde Gemetzel und Folter ertragen wie die Juden –, hat dieses kleine Volk hartnäckig an seinem, wie es meint, gottgewollten Auftrag festgehalten, alle Menschheit zur Erkenntnis Gottes und zu universeller Moral zu bringen.

Nur im Sinn eines moralischen Engagements, nämlich sich selber und die Welt zu bessern, betrachten sich die Juden als »erwählt«. Diese Erwählung bedeutete niemals einen Vorteil für die Juden, sondern nur mehr Verantwortung und Unbill. Wenn Gott diese Menschen nicht erwählt hat, um ein moralisches Beispiel zu geben und die Welt zu bessern, wenn tatsächlich keine Begegnung zwischen Gott und Mensch am Sinai stattgefunden hat, können wir nur sagen, daß die Bereitschaft eines Volkes, solch eine moralische Verantwortung und drückende Lebensweise (jüdische Quellen bezeichnen das Judentum als ein *Ol*, ein Joch) auf sich zu nehmen, die eindrücklichste nationale Errungenschaft der Geschichte darstellt.

Trotz aller erdenklichen Hindernisse, die andere Völker vernichtet hätten (wie der Verlust der Heimat, Zerstreuung in die Welt, versuchter Völkermord), hat das jüdische Volk nicht nur durchgehalten, sondern in seiner erwählten Aufgabe Erfolg gehabt, was der Historiker William H. McNeill von der Universität Chicago die »weltverändernde Karriere« der Juden nennt.[66]

»Es war das Judentum«, schreibt Hochwürden Edward H. Flannery von der Nationalkonferenz katholischer Bischöfe, »das das Konzept einer gottgegebenen Moral in die Welt gebracht hat«; ob er will oder nicht, »trägt der Jude die Bürde Gottes in der Geschichte, [und] das wurde ihm nie vergeben.«[67] Denn die Welt, in die die Juden Gott und ihre neuen Ideale von universeller Brüderschaft, Gerechtigkeit, Liebe, Frieden und individueller Verantwortung eingeführt haben, wußte das damals nicht zu schätzen und wird es nie zu schätzen wissen. Solche Ideale waren fremd und bedrohten die herrschende Ordnung. Das Judentum sagt, daß Gott und Moral höher als alle Götzen, alle Führer und alle Armeen seien, daß die Moral universell sei und nicht abhängig von Individuen, Nationen oder Wirtschaftsordnungen, daß Liebe dem Nachbarn und sogar dem Fremden entgegengebracht werden solle (3. Mose 19,34), nicht nur sich selber und der eigenen Familie. Das Judentum hat der Welt die Vision gegeben, daß »kein Volk das Schwert mehr gegen ein anderes erheben wird«, die Vision einer Welt, in der Krieg und Krieger mehr als Frieden und Propheten verherrlicht werden. Das Judentum sagt, daß jede Person letztlich nicht den Mächtigen, sondern dem Allmächtigen verantwortlich sei. Es ist also kein Wunder, warum sich solch ein Haß auf die Juden entwickelte, daß er letztendlich, wie Hochwürden Flannery schreibt, zum »größten Haß der menschlichen Geschichte« wurde.

Trotz aller Opposition breiteten sich die Ideale des Judentums auch gegen mächtige Imperien aus. Und zwölfhundert Jahre nach Sinai, fühlte eine Gruppe von Juden, geführt von Paulus von

Tarsus, daß die Zeit reif sei, die Welt unter die »Herrschaft Gottes« zu bringen, denn sie sahen, wie die heidnischen Religionen des römischen Imperiums versagten. Paulus glaubte, die Welt wäre bereit, die »Herrschaft Gottes« anzunehmen und sich zu bessern, wenn er auf die jüdischen Gesetze verzichten und Gott menschlich machen würde. So begann das Christentum, der erste Hauptzweig des Judentums.

Ungefähr sechshundert Jahre nach Paulus offenbarte sich Mohammed in einem anderen Teil der heidnischen Welt, in den die monotheistischen Ideale des Judentums eingedrungen waren, den Arabern, und bald darauf war der zweite Hauptzweig des Judentums, der Islam, geboren.[68]

Die beiden neuen Religionen missionierten aggressiv, und als eine Folge davon nahm das jüdische Ideal seinen Weg von Zentralasien durch Europa in die Neue Welt. Aber seine Reise war gefährlich und verwässerte es. Die beiden Tochterreligionen kompromittierten mindestens drei fundamentale Lehrsätze des Judentums. Erstens legten sie mehr Nachdruck auf Glauben (im Islam auf Prädestination) als auf weltliches Handeln; zweitens zwangen sie Millionen von Menschen mehr durch physische Gewalt als durch gütliches Zureden zur Konversion – Ergebnis: viele konvertierten eher körperlich als geistig; und drittens wurden beide Religionen (ganz zu schweigen vom Judentum) durch diese Massenkonversionen und heidnische Gebräuche und Aberglauben verdünnt.

Zum Teil als eine Reaktion auf die christliche Überbetonung des Jenseits entwickelte Karl Marx, Enkel zweier orthodoxer Rabbiner, einen dritten säkulären Zweig des jüdischen Ideals. Diese Ableitung, eine Art messianischer Sozialismus oder säkulärer Messianismus, betonte nur die Perfektion des Diesseits. Der Marxismus strukturierte das jüdische Ideal so um, daß das Ziel nun lautete, die Welt durch die Herrschaft des Menschen zu bessern.

Währenddessen jedoch entstand Unmut gegen die Juden unter denjenigen, die von den Abkömmlingen des Judentums unterjocht worden waren und auch unter diesen Abkömmlingen selber. Den ersteren Punkt betrachtend, schreibt Professor Steiner:

»Die dreifache jüdische Aufforderung zur Perfektion [jüdischer, ethischer Monotheismus; Christentum und Islam, messianischer Sozialismus] sorgte für einen mörderischen Groll [gegen die Juden] im sozialen Unterbewußtsein. Der Jude wurde zum ›schlechten Gewissen‹ der westlichen Geschichte.«[69]

Und was die Anhänger dieser Richtungen des Judentums betrifft, gab es eine andauernde Verstimmung gegen die Juden, weil diese den besonderen Aufforderungen zur Besserung nicht folgten, sondern sich weigerten, die Echtheit der Bewegung anzuerkennen und in der ursprünglichen jüdischen Rolle engagiert blieben – so wurden die Juden auch das »schlechte Gewissen« dieser Richtungen des Judentums. Deshalb konnte die Kirche, von den Zeiten des Neuen Testaments bis ins moderne Zeitalter, sich nie ganz mit der Tatsache versöhnen, daß dieselben Menschen, an die sich Jesus gewandt hatte, diejenigen waren, die seinen Aufruf am unnötigsten fanden, und deshalb stellte sie die Juden als »Söhne des Teufels« dar (Joh 8,44) und behandelte sie dementsprechend.[70]

Und Mohammed, durch die jüdische Zurückweisung seines prophetischen Anspruchs erzürnt, änderte die Himmelsrichtung des islamischen Gebets von Jerusalem zu Mekka und wies die jüdische Gemeinde aus Medina aus. Obwohl der Islam, historisch gesehen, sich den Juden gegenüber weniger gewaltsam verhielt als die christliche Kirche, hat er es ihnen immer verübelt, daß sie Mohammed abwiesen, dessen heiliger Koran auf der Bibel und Religion der Juden basiert[71], und heute erklärt die islamische Welt jeden Juden zum Todfeind, der an die jüdische Souveränität glaubt.

Ebenso konnte sich auch Marx ohne die gesellschaftliche Emanzipation von Judentum keine Emanzipation des Proletariats vorstellen, d. h., die Juden mußten aufhören, Juden zu sein und sich in die Arbeiterklasse assimilieren. Bis heute ist die Notwendigkeit des Verschwindens der Juden als eine gesonderte Gruppe eigentlich fast der einzige gemeinsame Lehrsatz der Marxisten, Leninisten, Trotzkisten und Maoisten. Das ist auch der Hauptgrund, warum diese jede nationale Befreiungsbewegung für »progressiv« halten mit Ausnahme der des jüdischen Volkes, des

Zionismus, den sie als »reaktionär« bezeichnen (sogar wenn jüdische Sozialisten und Arbeitern dafür kämpfen).

So hießen die Abkömmlinge des Judentums die Juden willkommen und trachteten in jedem ihrer Versuche, »die Welt zu bessern«, wirklich nach deren Beteiligung, obwohl natürlich eine Beteiligung nur in Form der Mitgliedschaft in der politischen Bewegung, nicht als Jude, möglich war. Den Juden, die zum Christentum, Islam oder Marxismus übertreten würden, wurde ein Leben ohne die Leiden zugesichert, die sie erdulden müßten, wenn sie Juden blieben. Konträr zum Mythos, daß sich Juden nicht assimilieren können, sind viele zu einer dieser Hauptreligionen übergetreten, und in der Tat hat sich immer ein bedeutender Prozentsatz von Juden assimiliert. Warum haben die Juden nicht den leichten Weg gewählt? Warum haben sich die Juden verpflichtet gefühlt, um jeden Preis zu überleben?

Die Antwort liegt in ihrer »Sendung«. Die Juden behaupten unaufhörlich, von Gott dazu erwählt worden zu sein, wie der Prophet Jesaja sagt, als »ein Licht für die Völker« zu dienen und die Welt unter der Herrschaft Gottes zu bessern.

Das jüdische Volk muß für den ethischen Monotheismus gegen zwei der mächtigsten und populärsten Weltanschauungen kämpfen: religiösen Fanatismus, der Gott betont und Ethik und Vernunft ignoriert, und Säkularismus, der Vernunft und Weltverbesserung betont und Gott ignoriert. Die erstgenannte Gruppe umfaßt alle Fanatiker jener Religionen, die sich mehr aus Gott machen als aus Menschen, die glauben, sie allein gingen den Weg zum Heil, und die andere Menschen nicht nach ihren Taten, sondern nach ihrem Glauben beurteilen. Zur selben Zeit müssen Juden und alle anderen ethischen Monotheisten gegen Säkularisten kämpfen, die die fundamentalen Elemente des ethischen Monotheismus verneinen – Gott und einen moralischen Maßstab. Wir leben in einer der größten ideologischen Konfrontationen der Geschichte – dem Kampf zwischen Moses und Marx.

Ob die Menschheit Moses' Position akzeptiert, wonach Gott das höchste Wesen ist und Moral über dem Menschen steht, oder der Position von Marx anhängt, wonach der Mensch das höchste Wesen ist und es keine Moral über ihm gibt, wird die Zukunft der menschlichen Rasse zeigen. Wenn Gott für tot erklärt wird, stirbt der Mensch moralisch und kurz darauf auch physisch. Weniger als 65 Jahre nachdem Nietzsche verkündete, daß für den westlichen Menschen Gott tot sei, bauten die zwei Ideologien, die sich auf den Tod Gottes gründen – Nationalsozialismus und Kommunismus – die ersten Massenvernichtungslager der Menschheit. Wenn jeder Mensch nach dem Bild Gottes geschaffen ist, wie es das Judentum behauptet, dann ist menschliches Leben heilig. Wenn wir nach dem Bild der Materie erschaffen wurden, wie es Marxismus und Säkularismus behaupten, dann sind wir nur Materie. Und wenn wir nur Materie sind, ist die Praxis der kommunistischen Partei, für eine schnellere Industrialisierung Massenmord zu begehen, ein logischer Auswuchs einer solchen Anschauung. Daß Marxismus und andere säkulare Ideologien, die einen moralischen Relativismus vertreten, nach den Schrekken von Hitler und Stalin im Aufstieg begriffen sind, verstärkt nur erneut die Tatsache, daß die Menschen aus der Geschichte moralisch nichts lernen, und bestätigt die Tatsache, daß die Juden ihrer größten Herausforderung seit 3200 Jahren gegenüberstehen. Aber niemand sollte meinen, das Ergebnis dieses Kampfes sei allein aufgrund von Zahlen oder physikalischer Macht vorher abschätzbar, denn das Judentum hat sich bisher immer als die stärkste Idee der Geschichte bewiesen.

Während der letzten zweitausend Jahre hat das Judentum nach innen blicken müssen. Jetzt sollte es in die Welt sehen und sich selbst und seine Ideale des ethischen Monotheismus als Alternativen anbieten, und für die Welt ist es Zeit, das Judentum zur Kenntnis zu nehmen.

Die Erfahrung mit Christen und mit dem aktuellen Islam zeigt uns, daß Glaube an Gott allein keine moralische Gesellschaft produzieren kann; vom Marxismus und Kommunismus wissen wir, daß der Glaube an den Menschen keine moralische Gesellschaft produzieren wird, und von den säkularen Intellektuellen und Humanisten wissen wir, daß der Glaube an die Vernunft keine moralischen Ergebnisse erzielt. Aber es bleibt das Judentum, das das Ideal geschaffen hat, die Welt zu perfektionieren. Es ist der Ursprung universeller Ideale und Gleichheit und eines

Systems, das Vertrauen auf Gott, auf Menschen und auf die Vernunft miteinander verknüpft.
Wenn alle vierzehn Millionen Juden nach den Werten und auf den Wegen des Judentums leben würden, wäre ihre Wirkung auf eine nach Bedeutung suchende Welt unermeßlich. Wenn Hunderttausende jüdischer Professoren, Schriftsteller, Medienleute, Ärzte und Rechtsanwälte ihr Judentum leben würden, anstatt ihre Identität zu unterdrücken; wenn jeder Jude für die jüdische Sendung leben würde, für ethischen Monotheismus, gegen religiösen Fanatismus und säkularen Radikalismus kämpfen würde, wäre der Einfluß der Juden auf die Gesellschaft geradezu phantastisch – es gäbe eine moralische Revolution noch nie dagewesenen Ausmaßes.
Zum ersten Mal seit fast zweitausend Jahren haben wir die Gelegenheit, unseren eigenen Modellstaat in Israel zu erschaffen. Jetzt hat das jüdische Volk, national und auch individuell, die Möglichkeit, der Welt die moralische Macht des jüdischen Ideals zu zeigen.
In Übereinstimmung mit der 3200 Jahre alten Weisung des Judentums (2 Mose 19,6) müssen die Juden eine Armee eines zartfühlenden, sorgetragenden, starken, moralischen Volkes bilden, um die Horden gelangweilter, zielloser Menschen zu bekämpfen – und die religiösen und säkularen totalistischen und nihilistischen Ideologien, denen diese Menschen zum Opfer fallen. Die Abkömmlinge des Judentums – Christentum, Islam, Marxismus und Humanismus – dominieren jetzt praktisch die Welt. Bewußt oder unbewußt hat die Welt viele der Ziele des Judentums bestätigt, aber sie hat dessen Absicht verändert. Es ist Zeit – wenn noch Zeit dazu ist –, das weltenformende Geschehen, das vor 3200 Jahren an einem Berg im Sinai begann, fortzusetzen – die jüdische Revolution.

Frage 6

Gibt es einen Unterschied zwischen Anti-Zionismus und Antisemitismus?

> Theoretisch kann man Katholiken tolerieren und dabei Tag und Nacht für die Zerstörung des Papsttums arbeiten. Theoretisch kann man Methodisten und Baptisten tolerieren und ihnen (...) die öffentliche Verbreitung ihrer Schriften verbieten (...) Konkret jedoch ändern solche Unterscheidungen nichts. Heutzutage kann niemand zugleich Feind des Zionismus und Freund des jüdischen Volkes sein.
>
> FRANKLIN H. LITELL,
> *Crucification of the Jews*
> [Die Kreuzigung der Juden]

> Menschen, die Zionisten kritisieren, meinen damit die Juden.
>
> MARTIN LUTHER KING

Solange man Israels Existenzrecht als jüdischer Staat unterstützt, auch wenn man gewissen israelischen Maßnahmen sehr kritisch gegenübersteht, ist man kein Anti-Zionist. Heute ist ein Anti-Zionist jemand, der das Recht Israels, als jüdischer Staat zu existieren, verneint.[72] Die Frage ist dann: Kann man Bemühungen, den jüdischen Staat zu zerstören, unterstützen, ohne gleichzeitig ein Feind der Juden, ein Antisemit, zu sein?[73]

Anti-Zionisten bejahen diese Frage und argumentieren, daß Anti-Zionisten lediglich dem jüdischen Staat und den Juden als Volk feindlich gegenüberstehen, während Anti-Semiten gegen alle Juden feindlich eingestellt sind.[74]

Laut Anti-Zionisten läßt sich jemand, der absichtlich dem jüdischen Staat Schaden zufügen oder ihn zerstören will (ein Anti-Zionist), nicht mit jemanden vergleichen, der darauf abzielt, die

Juden zu schädigen (ein Anti-Semit). Oder, um das Argument des Anti-Zionisten noch einmal darzulegen, ein eingeschworener Feind der Heimat der Juden und jedes Juden, der sich damit identifiziert, ist kein Feind der Juden.

Für einige Anti-Zionisten mögen diese Unterschiede zwischen Anti-Zionismus und Antisemitismus Bedeutung haben. Für Juden jedoch sind diese Unterschiede bloß akademisch. Obwohl einige Anti-Zionisten ernstlich glauben mögen, daß nicht der Haß auf Juden sie treibt, bleiben die Konsequenzen des Anti-Zionismus und Antisemitismus für das jüdische Volk dieselben. Anti-Zionismus unterscheidet sich von anderen Formen des Antisemitismus dadurch, daß der Anti-Zionist einen anderen Gesichtspunkt der jüdischen Identität als hassenswert auswählt. Jene mittelalterlichen Christen, die Juden bei lebendigem Leib verbrannten, behaupteten auch (und vielleicht sogar ernstlich), daß sie nicht gegen alle Juden waren, sondern nur gegen die, die darauf bestanden, ihren jüdischen Glauben und ihre religiöse Praxis beizubehalten. Anti-Zionisten behaupten dasselbe, der einzige Unterschied ist ein anderer jüdischer Glaubensgrundsatz, der sie gegen die Juden einnimmt. Während sie wie die mittelalterlichen Anti-Semiten Judenmorde in Israel und Versuche, den jüdischen Staat zu zerstören, unterstützen oder selbst in die Praxis umsetzen, leugnen sie, Juden zu verachten; sie verachten nur die Juden, die darauf bestehen, ihre jüdischen nationalen Glaubensgrundsätze und ihre Heimat beizubehalten. Und wie es einige mittelalterliche Juden gab, die ihre Loyalität gegenüber der jüdischen Religion aufgaben und damit dem Haß christlicher Antisemiten entkamen, so gibt es einige Juden, die sich nicht mit der jüdischen Nationalität identifizieren und denen so der Haß der Anti-Zionisten erspart bleibt.

Tatsächlich waren Adolf Hitler und die Nazis die *einzigen* Antisemiten der Geschichte, die zugaben, alle Juden zu hassen, unabhängig von ihrer Religion und ihrem nationalen Glauben. Alle anderen Antisemiten haben, wie die Anti-Zionisten, behauptet, nur solche Juden zu hassen, die an gewissen jüdischen Glaubensgrundsätzen festhielten. Wenn man die Nazis nicht als die einzigen Antisemiten der Geschichte betrachten will, sind auch Anti-

Zionisten ein bestimmter Typ Antisemiten. Ihre Motivation mag unterschiedlich sein. Wie alle anderen Antisemiten stehen Anti-Zionisten fast jedem Juden feindlich gegenüber, (denn fast jeder Jude hat ein Gefühl der jüdischen Nationalidentität und unterstützt Israels Existenzberechtigung).

Anti-Zionismus als theoretischer Antisemitismus

Kann jemand leugnen, die Italiener seien ein Volk, zugleich an Italiens Zerstörung arbeiten und dabei die ganze Zeit behaupten, er sei kein Feind des italienischen Volkes, weil er nicht alle Italiener haßt? Die Frage ist offensichtlich absurd. Wenn man die italienische Nationalität, das Recht jedes Italieners auf seine Heimat, verleugnet und versucht, Italien zu zerstören, ist man ein Feind des italienischen Volkes, ganz gleich wie ernsthaft man behaupten mag, einige Italiener zu lieben. Dasselbe trifft auch für diejenigen zu, die die jüdische Nationalität und das Recht der Juden auf ihren Staat verleugnen und die Zerstörung Israels befürworten. Solche Menschen sind Feinde des jüdischen Volkes, und der Begriff für ihre Haltung ist Antisemitismus, auch wenn diese Haltung von Leuten eingenommen wird, die ernsthaft einigen Juden zugetan sein mögen.

Ein Anti-Zionist würde wahrscheinlich entgegnen, daß die Analogie zwischen Italien und Israel ungültig sei, denn die Italiener hätten eine Nationalität, während die Juden nur eine gemeinsame Religion hätten. Und da das Judentum »nur eine Religion«, der Zionismus jedoch eine nationale Bewegung sei, könne man gegen den Zionismus sein, ohne als ein Feind der Juden oder des Judentums zu gelten.

Dieses Argument ist aus vier Gründen falsch. Erstens wird angenommen, daß Nichtjuden den Juden sagen könnten, was es bedeutet, jüdisch zu sein. Wie der prominente jüdische Theologe Rabbi Emmanuel Rackman schrieb: »Ich bin ein Jude und ein Zionist. Für mich sind diese beiden Engagements eins. Weiterhin bin ich der Ansicht, daß das die Position des historischen Judentums ist ... Ich muß [Nichtjuden] fest entschlossen dazu auffordern, meine religiösen Überzeugungen zu respektieren, wie ich sie sehe und nicht wie sie sie sehen.«[75]

Während ihrer langen Geschichte waren die Juden immer davon überzeugt, daß die jüdische Nationalität, zusammen mit Gott und Torah, die Basis des Judentums sei. In den Worten eines alten jüdischen Textes: »Gott, Torah und Israel sind eins.« Die Selbstdefinition der Juden als Nation mit Heimat Israel ist nicht nur irgendein neuer politischer Glaube der heutigen Juden, sondern gehört zum Wesen des Judentums, wie es schon vor der Bibel selbst niedergeschrieben wurde.[76]

Zweitens ist die Behauptung, daß Anti-Zionisten nicht Feinde der Juden seien, obwohl sie an Grundsätzen festhalten, die zum Massenmord an Juden führen, ziemlich hinterhältig, um es so großzügig wie möglich auszudrücken. Wenn die Anti-Zionisten ihr Ziel, Israel zu zerstören, erreichen, würden fast alle drei Millionen Juden in Israel und eine unbekannte Anzahl von nichtisraelischen Juden wegen ihrer Bemühungen, Israel zu erhalten, sterben. Die Israelis und ihre arabischen Feinde wissen das. Die Araber haben, ungeachtet westlich orientierter Propaganda, wiederholt zur Zerstörung Israels in einem zukünftigen Krieg aufgerufen. Die Israelis würden bis zum letzten kämpfen, um Israel am Leben zu erhalten, weil sie Grund genug zu der Annahme haben, daß der Tod ein besseres Schicksal als die Gefangennahme durch die Araber ist. Mit den Worten des linken Schriftstellers Amos Kenan: »Shukairy [der Anführer der PLO vor Jasir Arafat] sagte immer, daß die Juden ins Meer getrieben werden sollten. Nach der Niederlage im Jahre 1967 wurde klar, daß so ein Slogan für die Public Relations der arabischen Sache nicht gut ist. Deshalb sollen heute nur die Zionisten ins Meer geworfen werden. Das einzige Problem daran ist, daß in Israel kein Jude mehr übrig sein wird, wenn die Araber alle Zionisten ins Meer geworfen haben. Denn nicht ein einziger Jude in Israel wird mit weniger an politischer und nationaler Souveränität einverstanden sein.«[77] In Anbetracht der Tatsache, daß es zu einem weiteren jüdischen Holocaust käme, wenn der Anti-Zionismus sein Ziel verwirklichen würde, glauben die meisten Juden, es sei demagogisch, Unterschiede zwischen Anti-Zionismus und Antisemitismus zu machen.

Drittens war es vor der Errichtung des Staates Israel im Jahre 1948 möglich, ein Gegner der zionistischen Bewegung und kein

Feind der Juden zu sein, genauso wie man vor 1776 gegen die amerikanische Staatsidee sein konnte, ohne ein Feind der Amerikaner zu sein. Nachdem jedoch die Vereinigten Staaten einmal gegründet waren, wurde jeder, der ihre Zerstörung verkündete, als ein Feind der Amerikaner angesehen. Und seitdem Israel gegründet ist, wird jeder, der Israels Zerstörung propagiert, als ein Feind der Juden betrachtet.

Viertens würde es Anti-Zionisten sehr schwer fallen, auch nur einen Juden zu finden, der sich positiv als solcher zu erkennen gibt, und sie nicht als Todfeinde betrachtet. Studien und Meinungsumfragen haben gezeigt, daß sich 99% der amerikanischen Juden mit dem Recht der Juden auf einen jüdischen Staat identifizieren.[78]

Wie wir gesehen haben, sind Israel und jüdische Nationalität für religiöse Juden ein Teil ihres religiösen Glaubensbekenntnisses. Ein Anti-Zionist ist deshalb der Feind eines religiösen Juden.[79] Während säkulare Juden Israel leidenschaftlich bestätigen, sind Anti-Zionisten Gegner dieses Aspekts des Judentums. Die einzigen Juden, die im Anti-Zionismus etwas anderes als den Ausdruck von Antisemitismus sehen würden, bestätigen weder die jüdische Nationalität noch die jüdische Religion.

Anti-Zionismus als praktizierter Antisemitismus

Obwohl sie dauernd leugnen, Antisemiten zu sein, machen Zionisten in ihren Schriften und Ansprachen selten einen Unterschied zwischen Zionisten und Juden. Um ihren Antisemitismus zu verstecken, benutzen die Feinde der Juden fast immer den Begriff »Zionisten«, wenn sie Juden meinen.[80] Das klingt aber oft absurd. Am 21. Oktober 1973 erklärte Yakov Malik, der sowjetische Gesandte der Vereinten Nationen: »Die Zionisten haben die Theorie des auserwählten Volkes erfunden, eine absurde Ideologie.« Diese Erklärung ist ein perfektes Beispiel für Antisemitismus, der sich als Anti-Zionismus verkleidet. Ein Angriff auf die jüdische Erwählung ist kein Angriff auf den Zionismus: Die Erwählung spielt im Zionismus keine Rolle. Es ist ein Gruppenprinzip des Judentums. Maliks Angriff stand ganz im Einklang mit sowjetischen, arabischen und linken Gegnern der Juden, die ihre Angriffe auf die Juden und das Judentum als Angriffe auf den Zionismus verkleiden. Im *Museum für Religion und Atheismus* in Leningrad charakterisiert eine Ausstellung über Zionismus und Israel folgendes als »anti-sowjetisches zionistisches Material«[81]: jüdische Gebetstücher, *Tefillin* (Phylakterien) und *Pesach Haggadahs* – alles religiöse Gegenstände, die die Juden seit Tausenden von Jahren benutzen.

Eine ähnliche und ebenso charakteristische Verwendung des Begriffs Anti-Zionismus findet sich im *Black Panther*, der Zeitung der nicht mehr existierenden Schwarzen-Organisation. Ein Artikel, der die Gerichtsverhandlungen des Pantherführers Huey P. Newton und der »Chicago Eight« darstellte, schloß mit den Worten: »Es war ein zionistischer Richter, Richter Freedman, der Huey P. Newton zu fünfzehn Jahren Gefängnis verurteilte. Es war ein zionistischer Richter, Richter Hoffmann, der es den anderen Zionisten erlaubte, frei auszugehen, aber Bobby Seale im Gefängnis behielt ... Die anderen Zionisten im *Conspiracy-8-Trial* (»Prozeß der Achter-Verschwörung«) waren willig und opferten Bobby Seale ... Wir verurteilen den Zionismus zum wiederholten Male als eine Rassendoktrin.«[82] Diese öffentlich als Zionisten denunzierten Männer – Jerry Rubin, Abbie Hoffman und William Kuntsler – sind Leute, die man am besten als nichtjüdische Juden beschreiben kann. Der *Black Panther* griff sie an, weil sie Juden von Geburt, nicht weil sie Zionisten sind.[83]

In der arabischen Welt haben »Anti-Zionisten« die antisemitischen Verleumdungen übernommen und verbreiten sie nun unter dem Deckmantel des Anti-Zionismus. Der verstorbene Präsident Ägyptens, Gamal Abdel Nasser, zitierte wiederholt aus den *Protokollen der Weisen von Zion* (eine Fälschung, angebliches Dokument einer internationalen jüdischen Verschwörung zur Übernahme der Weltherrschaft, ein Hauptstück der Nazipropaganda), um seine Behauptung zu untermauern, daß dreihundert Zionisten die Welt regieren. König Feisal, Führer Saudi-Arabiens bis zu seinem Tod im Jahr 1975, veröffentlichte wiederholt eine Beschuldigung, daß Juden Nichtjuden töten und ihr Blut trinken. Der arabische Schriftsteller Saluk Dasuki publizierte das Buch *Amerika – Eine zionistische Kolonie*, ein Buch, das in der arabischen Welt und in der Sowjetunion weite Verbreitung fand. In einem seltenen Anfall von Aufrichtigkeit bemerkt Dasuki, daß »Juden unter dem Kollektivnamen Zionisten bekannt seien, ganz gleich ob sie ihre Religion bewahrt oder andere Religionen angenommen haben«. Sich auf Statistiken in Dasukis Werk berufend, veröffentlichten die Sowjets einen Artikel im *Journal der Jungen Kommunistischen Liga*, in dem behauptet wurde, daß in den Vereinigten Staaten 70 Prozent der Rechtsanwälte, 69 Prozent der Ärzte, 43 Prozent der Industriellen und 80 Prozent der Verlagseigentümer Zionisten seien.[84]

Moralische Führer verschiedener Glaubensrichtungen haben wiederholt davor gewarnt, daß der Anti-Zionismus in der Praxis Antisemitismus sei. Als er hörte, wie ein schwarzer Student eine Schimpfkanonade gegen Zionisten losließ, entgegnete der verstorbene Dr. Martin Luther King: »Menschen, die Zionisten kritisieren, meinen damit Juden. Sie reden dem Antisemitismus das Wort«.[85] In ähnlicher Art kommentierte der Präsident der *United Church of Christ*, Dr. Robert Moss, die anti-zionistische Resolution der Generalversammlung der Vereinten Nationen im Jahre 1975: »Wir sollten uns von dem Begriff Zionismus nicht täuschen lassen. Die Unterstützer dieser Resolution meinen damit die Juden, das Judentum und auch den Staat Israel.« Der UN-Delegierte von Costa Rica fügte hinzu, die Resolution sei eine Einladung zum Völkermord am jüdischen Volk.[86]

Abschliessende Bemerkung

Zu leugnen, daß Anti-Zionismus antisemitisch sei, weil es einige Anti-Zionisten gibt, die nicht alle Juden hassen, ist genauso aberwitzig wie wenn man den Ku-Klux-Klan für nicht rassistisch hält, weil es in seinen Reihen einige Leute geben mag, die nicht alle Schwarzen hassen.

Diejenigen, die glauben, daß sie die jüdische Nationalität verleugnen und die Eliminierung des jüdischen Staates befürworten können, ohne antisemitisch zu sein, tun das in vorsätzlicher Ignoranz gegenüber Juden, Judentum, jüdischer Geschichte, dem Nahen Osten und der arabischen und moslemischen Welt. Wenn Anti-Zionisten alles jüdische Anrecht auf das Land

Israel in Frage stellen, dann, weil sie nicht wissen, daß in den letzten dreitausend Jahren die *einzigen* unabhängigen Staaten in diesem Gebiet, bekannt als Palästina oder Israel, jüdisch gewesen sind und daß ein unabhängiger arabischer Staat nie an diesem Ort existiert hat. Wenn Anti-Zionisten daran arbeiten, den jüdischen Staat zu zerstören, tun sie das, weil sie nicht wissen, wie die Juden in den letzten zweitausend Jahren gelitten haben, weil ihr Staat zerstört worden war. Wissen die christlichen Anti-Zionisten nichts von den Kreuzzügen, den Pogromen und anderen Formen schonungsloser Verfolgung von Juden durch das Christentum? Wissen die moslemischen Anti-Zionisten nichts vom Zweite-Klasse-Status, der Erniedrigung und den gewalttätigen Angriffen, denen Juden im zwanzigsten Jahrhundert in der arabischen Welt ausgesetzt sind? Wissen die linken Anti-Zionisten nichts von der systematischen Zerstörung jüdischen Lebens in der ganzen kommunistischen Welt? Wissen die Anti-Zionisten nicht, daß die meisten der sechs Millionen Juden, die im Holocaust ermordet wurden, zu retten gewesen wären, wenn es einen jüdischen Staat gegeben hätte? Wissen die Anti-Zionisten nicht, daß durch ihre Unterstützung bei der Auslöschung Israels Millionen Juden in Israel in solch einem Zerstörungskrieg getötet werden würden? Ob die Zerstörung der jüdischen Nationalbewegung und des jüdischen Staates – ein Holocaust an drei Millionen Juden in Israel, durch den das Weltjudentum ohne eigene Zuflucht dem guten Willen der Welt preisgegeben wäre – im Namen des Anti-Zionismus oder des Antisemitismus geschähe, ist für Juden ziemlich irrelevant. Daß die Leute, die alle diese Dinge tun wollen, sich heute selbst Anti-Zionisten anstatt Antisemiten nennen, ist eine interessante historische Tatsache. Es mag einige Unterschiede in den Aspekten des jüdischen Lebens geben, die Anti-Zionisten und die Antisemiten hassen, aber diese Unterschiede sind nur für den Historiker interessant. Sowohl Anti-Zionismus als auch Antisemitismus führen dazu, daß die Juden heimatlos werden, leiden und sterben. Und das ist alles, was Juden darüber wissen müssen.

Frage 7

Was sollten wir aus dem Holocaust lernen?

Vergebung war ein zentrales Thema der Holocaust-Konferenz in Berlin 1991. Es wurde darüber gesprochen, den Deutschen zu vergeben. Im Judentum aber kann man nicht im Namen eines anderen vergeben. Nur derjenige, der verletzt wurde, kann vergeben. Wenn jemand meinem Freund etwas Böses zufügt, darf nicht etwa ich an seiner Stelle dem Übeltäter verzeihen. Deshalb kann kein Jude den Deutschen im Namen der von den Nazis Ermordeten vergeben. Unsere Generation, Deutsche und Juden, hat den Holocaust weder verschuldet noch erlitten. Im Judentum ist ein Mensch erst mit dreizehn Jahren verantwortlich für seine Taten. Also mußte im Jahre 1939 jemand dreizehn Jahre alt sein, um auch nur theoretisch für die Vorgänge in Deutschland verantwortlich gemacht zu werden. Diese Person wäre im Jahr 1991 fünfundsechzig Jahre, und jeder Deutsche, der jünger ist, kann unmöglich für die Ereignisse verantwortlich gemacht werden. Und von denjenigen, die über 65 sind, wissen wir nicht, was genau sie taten – ob sie Juden vergasten oder ihnen heimlich überleben halfen.
Das Thema der Vergebung ist kein Thema für uns. Es ist nicht unsere Aufgabe, dafür zu sorgen. Weder Deutsche noch Juden sollten auch nur einen Gedanken daran verschwenden.
Das wirkliche Thema lautet: Was haben wir aus dem Holocaust gelernt?

DENNIS PRAGER, Berlin 1991
Holocaust-Konferenz

In den Jahren 1939 bis 1945, der Zeit des Nazi-Regimes, wurden mit Hilfe anderer Europäer fast alle Juden Europas ermordet. Die Entmenschlichung (die meisten der sechs Millionen Juden wurden nackt ermordet), die Folter (vgl. die Beschreibung des Alltags in einem Nazi-Todeslager weiter unten) und der Mord an den europäischen Juden sind als Holocaust bekannt. Der Holocaust ist mehr als nur ein weiteres Beispiel menschlicher Verderbtheit: Es ist nicht nur ein Holocaust, sondern *der* Holocaust. Trotz seiner traurigen Berühmtheit, trotz der vielen Worte, der Aufzählung der unaussprechlichen, schrecklichen Einzelheiten des Holocausts, trotz aller Verweise auf dieses Geschehen in modernen ethischen und theologischen Abhandlungen scheint niemand vom Holocaust etwas gelernt zu haben.

Dafür gibt es mindestens zwei Gründe. Erstens, fast jeder, der über den Holocaust schreibt oder spricht, beschreibt ihn als »unverständlich« (ein »Ausbruch des Irrationalen«, die »verrückt« geworden ist), aber aus Unverständlichem kann man nichts lernen.

Zweitens sind die Lehren, die aus dem Holocaust gezogen werden, zu furchterregend und viel zu beunruhigend, um sich mit ihnen zu konfrontieren.

Diese zwei Dinge hängen zusammen: Um eine Konfrontation mit dem Bösen zu vermeiden, wird es als unverständlich bezeichnet.

Ich berichte von einem ganz gewöhnlichen Tag, einem Tag wie viele andere. An diesem Tag machte ich einen Schuppen sauber ... Ein Schirm war in einem Dachbalken steckengeblieben, und der SS-Mann Paul Groth befahl einem Jungen, ihn herunterzuholen. Der Junge stieg hinauf, fiel vom Dach und verletzte sich. Groth bestrafte ihn mit 25 Hieben. Er freute sich darüber, rief einen anderen Deutschen herbei und erzählte ihm, er habe »Fallschirmspringer« unter den Juden gefunden. Einer nach dem anderen mußten wir auf das Dach klettern ... den meisten gelang es nicht; sie fielen herunter, brachen sich die Beine, wurden geschlagen, von Barry (dem Schäferhund) gebissen und dann erschossen.

Dieses Spiel war für Groth noch nicht genug.

Es gab dort viele Mäuse, und jeder von uns wurde gezwungen, zwei Mäuse zu fangen. Groth wählte fünf Gefangene, befahl ihnen, die Hosen herunterzulassen, und wir mußten die Mäuse in ihre Hosen werfen.

Dann wurde den fünfen befohlen, in Habachtstellung stillzustehen, aber sie konnten es nicht, ohne sich zu bewegen. Dafür wurden sie geschlagen.
Aber das war noch immer nicht genug für Groth. Er rief einen Juden herbei und zwang ihn Alkohol zu trinken, bis er tot umfiel ... Anschließend wurde uns befohlen, den Toten auf ein Brett zu legen, langsam mit ihm herumzumarschieren und dazu einen Trauermarsch zu singen.
Das ist die Beschreibung eines normalen Tages. Viele Tage waren noch schlimmer.
(Zeugenaussage von Dov Freiburg, zitiert in: Yitzchak Arad: *Belzec, Sobibor, Treblinka: The Operation Reinhard Death Camps.)*

Der Holocaust ist unverständlich

Historiker, Theologen und andere, die den Holocaust unverständlich nennen, tun das aus unterschiedlichen Gründen. Diejenigen, die über den Holocaust schreiben, haben im wesentlichen eine säkulare und humanistische Weltanschauung von der Natur des Menschen, d. h., sie tendieren dazu, relativ optimistisch über die menschliche Natur zu urteilen (Humanisten *glauben* an den Menschen). Für sie heißt »gut« normal und rational, »böse« aber verrückt oder irrational. Wenn sie schon das alltägliche Böse so sehen, dann werten sie systematische Folter und Mord an unschuldigen Frauen, Männern und Kindern ganz bestimmt so.
Ein anderer Grund ist, daß diese Theoretiker den Antisemitismus, der dem Holocaust vorausgeht, als irrational betrachten. Für sie stellt sich der Sachverhalt so dar: Etwas Irrationales (Antisemitismus) verursachte etwas Unverständliches (den Holocaust).
Aber was ist, wenn diese zwei Annahmen falsch sind? Was ist, wenn das Böse und der Antisemitismus weder irrational noch unverständlich sind? Dann wäre der Holocaust erklärbar.
Und genau das ist der Fall.
Da das Böse ein Teil der menschlichen Natur ist – das Böse ist vielleicht genauso »normal« wie das Gute –, sind Ausbrüche des Bösen kaum unverständlich. Die Frage, die Historiker und

andere Theoretiker stellen sollten, ist nicht, warum Menschen Böses tun, sondern unter welchen Umständen das Böse besonders gut gedeiht, wie wir es verhüten können und warum sich die Übeltäter so oft zuerst auf die Juden konzentrieren.

Die Juden haben den Antisemitismus im Laufe ihrer langen Geschichte verstanden. Für sie war er eine verständliche Reaktion auf das Volk, das Gott und ein universales, moralisches Gesetz in die Welt gebracht hat. Vor fast 2000 Jahren hat schon der Talmud den Judenhaß in einem hebräischen Wortspiel erklärt: die Worte Haß *(sinna's)* und Sinai *(sinnai)* klingen sehr ähnlich. Der große Haß gegen die Juden kommt von den von Gott gegebenen ethischen Gesetzen, für deren Einhaltung die ganze Menschheit verantwortlich gemacht wird.

Der katholische Historiker des Antisemitismus, Pater Edward Flannery, sah das genauso. »Es war das Judentum«, so schrieb er, »das der Welt das Konzept eines gottgegebenen, universalen, moralischen Gesetzes brachte ... Der Jude trägt die Last Gottes in der Geschichte, [und] das wurde ihm nie vergeben«.[87] In seinem Buch *The Jewish Mystique* [Der jüdische Mystiker] faßte Ernest van den Haag die Wurzeln des Antisemitismus so zusammen: »[Der Juden] unsichtbarer Gott bestand nicht nur darauf, der einzige Gott und allmächtig zu sein, ... er entwickelte sich auch noch zu einem moralischen Gott ... Die Juden haben seitdem unter ihrer eigenen Erfindung gelitten.«[88]

Sogar Antisemiten haben dies bestätigt. Der Vater der deutschen Rassentheorie, Houston Stewart Chamberlain, schrieb: »(...) der Jude kam in unsere fröhliche Welt und verdarb alles mit seinen ominösen Konzepten der Sünde, des Gesetzes und seinem Kreuz.«[89] Ein Echo der Worte Richard Wagners: »Befreiung vom Joch des Judentums erscheint uns die wichtigste Notwendigkeit.«[90] Und Hitler definierte seine eigene Sendung als die Zerstörung des »tyrannischen Gottes der Juden [und Seiner] lebensverleugnenden Zehn Gebote.«[91]

Der Versuch der Nazis, alle Juden zu ermorden, war genau das, was die Nazis dazu sagten: »die Endlösung der jüdischen Frage«. Hitler meinte, daß alle vorherigen Lösungen – Assimilation, Taufe, Verfolgung und Ausweisung – die Welt nicht von der

jüdischen Frage befreit hätten. Nur das Töten eines jeden Juden würde das bewerkstelligen. Die Nazis waren deshalb mehr daran interessiert, die Juden zu töten, als den Zweiten Weltkrieg zu gewinnen, wie Lucy Dawidowicz in ihrem Buch *The War Against the Jews* [Der Krieg gegen die Juden) gezeigt hat.
Das Böse, das in der menschlichen Natur ständig auf Lauer liegt, verfügt über eine lange Geschichte des Hasses gegenüber dem Volk und seiner Religion, das ihm zuerst den Krieg erklärte – den göttlichen Krieg. Wenn man das versteht, ist weder das Böse noch der Antisemitismus unverständlich.

Über die menschliche Natur

Menschliche Wesen sind nicht im Grunde gut, das ist die offensichtlichste und vielleicht wichtigste Lehre des Holocaust.
Für mich ist das so klar, daß es mir töricht erscheint, dies zu erwähnen. Allerdings haben nur wenig Menschen – die Juden eingeschlossen – dieses Grundprinzip in ihre Lebensauffassung aufgenommen.
Es ist dieser fortlebende Glaube an die menschliche Anständigkeit, der zu der zeitgenössischen Vorliebe führte, die Schuld für menschliche Verbrechen der Gesellschaft anzulasten oder sozioökonomischen Kräften wie zum Beispiel dem Klassenkampf, der Rüstung, den Eltern, dem Fernsehen, eben allem anderen – nur nicht der menschlichen Natur.
Die Pflichtvergessensten auf diesem Gebiet sind die Juden, die sich dem Judentum entfremdet haben. Sie kennen die jüdische Weltanschauung nicht, die den Menschen in einen andauernden Kampf zwischen seiner Neigung zum Guten und seinem Hang zum Bösen verwickelt sieht. Am häufigsten stellen Juden die Frage: Wie kann ich nach dem Holocaust noch an Gott glauben? Diese Frage ist sicher eine Antwort wert, aber es ist eine Frage, die die wirklich Schuldigen – nämlich die Menschen – außen vor läßt. Es war nicht Gott, der Kinder auf Scheiterhaufen warf, der Gaskammern baute, Todeslager einrichtete oder Erfrierungsexperimente an Männern und Frauen durchführte. Es waren Menschen.

Für jemand, der behauptet, er könne unmöglich an Gott glauben, aber gleichzeitig von der Anständigkeit der menschlichen Natur überzeugt ist, sind Beweise irrelevant. Menschen, die auch weiterhin an die Menschheit glauben – nach dem Holocaust, nach kommunistischen Völkermorden in der Ukraine, in Kambodscha und anderswo, nach der Sklaverei der Schwarzen usw. –, hält man für vernünftig, während wir, die wir an Gott glauben, als irrational abgetan werden, da wir angeblich den Glauben über die Vernunft stellen.
Man fragt sich, was die Menschheit noch alles tun muß, damit dieser Glaube an die Menschheit erschüttern wird. Wieviele unschuldige Menschen müssen noch ermordet und gefoltert werden? Wie viele Frauen müssen noch vergewaltigt werden?
Für Menschen, die anderen die scheußlichsten Grausamkeiten zufügen, haben wir kunstvolle Alibis entwickelt. Das häufigste Alibi ist, daß solche Menschen als »krank« bezeichnet werden. Aber Hitler und seine Anhänger waren nicht notwendigerweise krank. Sie waren böse.

Worauf es wirklich ankommt

In Anbetracht des Holocausts und aller völkermordähnlichen Massenmorde dieses Jahrhunderts – in Armenien, in der Ukraine und vielen anderen Teilen der Sowjetunion, in Uganda und Kambodscha – kann nur der Glaube an eine dem Menschen angeborene Anständigkeit erklären, warum niemanden die Frage bewegt, wie man aus Menschen gute Menschen machen kann. Das ist nicht nur eine abstrakte, moralische Frage, sondern ein akutes Problem reinster Selbsterhaltung: Wenn wir nicht dafür sorgen, daß die Menschen gut sind, werden wir oder unsere Kinder Böses erleben. Aus rein egoistischen Gründen sollte dies also unsere größte Sorge sein.
All unsere anderen sozialen Belange – bessere Erziehung, Kampf gegen Armut und Drogen – sind nicht so wichtig wie die Erziehung der nächsten Generation zu guten Menschen. Jedoch ist die Erziehung junger Menschen zu Wohlverhalten für die

meisten Individuen und Gesellschaften, unsere eigene eingeschlossen, von geringerer Dringlichkeit als das Einflößen von Klugheit, Talent, Patriotismus, Glück und religiösem Glauben.

Die Abneigung vieler Menschen, dies zu begreifen, ist einfach absurd, aber auch die Unfähigkeit der Juden, dies zu lernen, ist schlechthin unglaublich. Wenn es irgend jemanden gibt, der damit beschäftigt – nein, davon besessen – sein sollte, den Menschen Gutes beizubringen, sind das die Juden, die Opfer des Holocausts und beständigste Zielscheibe des Bösen in der Geschichte. Mehr als alle anderen Menschen unterstützen die Juden in Amerika heutzutage jedoch eine *wertfreie* Erziehung; mehr als alle anderen glauben Juden, daß sich die Menschen nicht moralisch vor Gott und Religion verantworten müssen (Meinungsumfragen zeigen, daß Juden die säkulärste Gruppe in Amerika sind), kurz: die Juden glauben an die Menschheit und nicht mehr an Gott.

Über Bildung und Kunst

Eine andere beunruhigende Folge des Holocaust: Bildung und Kunst, zwei der angesehensten westlichen Werte, sind moralisch gesehen gänzlich irrelevant. Die einzige Bildung, die Menschen ethischer machen kann, ist eine moralische Erziehung (vorzugsweise religiös fundiert). Es gibt keine Korrelation zwischen Bildung und menschlicher Anständigkeit. Zwei großangelegte Studien über Nazis bestätigen diese Beobachtung.

Professor Peter Merkl von der *University of California* in Santa Barbara analysierte 581 Nazis und fand heraus, daß Deutsche mit gymnasialer Bildung oder sogar Universitätsbildung im Durchschnitt antisemitischer waren als solche mit weniger Bildung.

Eine Studie über den sozialen Hintergrund von 24 Einsatzgruppenführern (Einsatzgruppen waren die mobilen Mordeinheiten, die vor der Verwendung von Gaskammern fast zwei Millionen Juden töteten), zeigt, daß die große Mehrheit dieser Männer sehr

gebildet war: »Eins der bemerkenswertesten Dinge in der Einsatzgruppenführerschaft ist das Vorherrschen gebildeter Menschen, die studiert hatten, besonders Rechtsanwälte ...«
Diese Beobachtungen sollten uns eigentlich nicht überraschen. Kam doch die Unterstützung für einen anderen Schlächter – Joseph Stalin – ebenfalls aus der Ecke der Gebildeten.
Für viele in unserer Gesellschaft, die einen Doktortitel und Universitätsstudium mit menschlicher Anständigkeit verbinden, sind diese Lehren wirklich sehr wichtig. Und ganz besonders die Juden müssen dies lernen! Keine andere Gruppe verehrt Bildung, akademische Würden, Titel, und Eliteuniversitäten mehr als Juden – trotz der Tatsache, daß die größte Feindseligkeit gegenüber Juden unter dem Namen Anti-Zionismus gerade an Universitäten auftritt.
Dasselbe gilt für die Kunst. Es ist sehr ernüchternd zu erkennen, daß die künstlerisch kultivierteste Gesellschaft Europas den Holocaust entfesselte. Der Kommandant von Auschwitz war ein vollendeter Pianist, der abends Schuberts Lieder spielte, nachdem er die täglichen Vergasungen tausender jüdischer Familien und unbeschreibliche medizinische Experimente an Juden und russischen Kriegsgefangenen überwacht hatte.
Einer der größten Dirigenten dieses Jahrhunderts war Herbert von Karajan, der Dirigent der Berliner Philharmoniker. Seine musikalischen Interpretationen sind bekannt für ihre Schönheit. Von Karajan hatte sich der Nazipartei schon im Jahre 1932 angeschlossen, noch bevor der Nationalsozialismus an die Macht gekommen war, und er stieg unter Hitler bis zum Kapellmeister auf.
Ein anderes Verhalten hingegen zeigten die Norweger, die schrecklich unter den Nazis leiden mußten, und unter denen es fast keine Nazi-Anhänger gab. Aber einer der wenigen, der den Nationalsozialismus sogar während der Naziherrschaft in Norwegen unterstützte, war der talentierteste Schriftsteller dieses Landes, Knut Hamsun, Gewinner des Nobelpreises für Literatur.
Diejenigen Mitglieder unserer Gesellschaft, die künstlerisches Genie mit menschlicher Größe gleichsetzen oder sich nach einer Mitgliedschaft in der Kommission eines Kunstmuseums sehnen,

aber niemals im Vorstand einer jüdischen oder anderen religiösen Schule sitzen möchten, lehrt der Holocaust eine extrem wichtige Lektion.

Über religiöses und säkulares Übel

Daß die Religion dazu mißbraucht wurde, viel Böses zu begehen, (s. Kreuzzüge, Inquisition, Khomeini, religiöse Konflikte in Nordirland und im Libanon) ist das häufigste Argument gegen Religion.

Dieses Argument ist richtig, und religiöse Menschen können es nicht mit der Behauptung abtun, all diese schlechten Leute seien nicht wirklich religiös gewesen. Die Menschen können religiös und gleichzeitig böse sein. Dazu kommt noch, daß viele religiöse und gute Menschen den Kampf gegen das Böse und die Betonung der Rechtschaffenheit nicht so wichtig wie die Verkündigung des rechten Glaubens nehmen. Wenn auch alle Hauptreligionen nach dem Guten trachten, sind sie jedoch nicht in gleichem Maße an Gut und Böse interessiert. Erlösung, Glaube, Ergebenheit, Selbstverleugnung und Erkenntnis der Wahrheit sind für sie oft viel wichtigere Belange.

Auf der anderen Seite steht jedoch eine weitere Lehre aus dem Holocaust: Das Böse, das durch säkulare Ideologien in die Welt kam und kommt, läßt religiöse Untaten geradezu zwergenhaft erscheinen. Allein in diesem Jahrhundert wurden mehr unschuldige Menschen von säkularen Ideologien – Nationalsozialismus und Kommunismus – ermordet, gefoltert und versklavt als von allen Religionen im Laufe der gesamten Menschheitsgeschichte.

Es stimmt, daß das Christentum die Fundamente des westlichen Judenhasses gelegt hat – Fundamente, auf die Hitler und die Nazis sehr gut aufbauten. Aber es war nicht das Christentum, sondern eine säkulare und antichristliche Ideologie, nämlich der Nationalsozialismus, der die Gaskammern baute. Daß viele Christen entweder schlecht genug waren, um aktiv den Nationalsozialismus zu unterstützen, oder nur dumm genug, um nicht zu bemerken, wie anti-christlich – um nicht zu sagen, wie böse – der Nationalsozialismus war, ist bezeichnend für diese Christen, aber es negiert nicht die säkulare und anti-christliche Natur des Nationalsozialismus. (Sogar heutzutage, nach all den Offenbarungen kommunistischen Übels, inklusive wiederholter Versuche, das Christentum und andere Religionen zu zerstören, gibt es Christen, die sich weigern, dieses Böse und die anti-christliche Natur des Kommunismus zu sehen.)

Jahrhunderte christlichen Antisemitismus und die Nazifeindlichkeit gegen jüdische und christliche Werte haben sich für die Juden als tödlich erwiesen. Gott ohne Ethik und Ethik ohne Gott – beides ist gefährlich für die Juden – und für die Welt.

Über das Christentum

Der Holocaust ist eine viel größere Herausforderung für das Christentum als für das Judentum. Der Holocaust war eine Katastrophe für die Juden, aber nicht für das Judentum. Erwählte Opfer des größten Ausbruchs des Bösen in der Menschheitsgeschichte zu sein, ist eine Rechtfertigung der moralischen Wahrheit des Judentums und bekräftigt die jüdische Rolle in der Geschichte – nämlich Zeuge für Gott und Seine Gebote zu sein. Als Jude bin ich stolz auf das Wissen, daß Hitler die Juden gehaßt hat, genauso wie ich stolz darauf bin, daß die Sowjetunion die Juden haßte, und daß Ayatollah Khomeini und die Moslems, die seinen Lehren folgen, die Juden mehr als alle anderen Menschen auf der Welt hassen.

Während jedoch der Holocaust für Christen keine Katastrophe war, ist er ein Desaster für das Christentum. Der Nationalsozialismus war in seinem Wesen anti-christlich, aber Millionen europäischer Christen und auch ihre geistliche Führung haben das gar nicht begriffen – und das nach 1500 Jahren christlicher Lehre.

Die Tatsache, daß Millionen protestantischer und katholischer Christen (mit einigen gesegneten Ausnahmen, die die Juden und Christen studieren müssen und deren Erinnerung für immer wachgehalten werden muß), den Nationalsozialismus als christlichen Verbündeten gesehen haben, der Aufstieg des Nationalsozialismus im Herzen der christlichen Welt und das Schweigen der Kirche während des Holocausts sind schwierige Probleme für einen ernsthaften Christen und mögen gleichzeitig ein Grund dafür sein, warum nach dem Zweiten Weltkrieg so wenige Westeuropäer das Christentum ernst nehmen.

Die moralische Tragödie des Christentums während des Holocausts ist jedoch mehr als eine Apathie oder Feindlichkeit gegenüber den Juden. Die christliche Welt schwieg immer zum Bösen, auch wenn andere Christen gelitten haben. Während nur ein paar Millionen Juden die Welt auf die Leiden sowjetischer Juden aufmerksam gemacht haben, ließ fast eine Billion Christen die Welt im unklaren über die Not sowjetischer Christen. Schlimmer noch, während sowjetische Christen nicht das Recht hatten, ihren Kindern Religionsunterricht zu geben, und andere Christen im Gulag schmachteten, *verteidigte* der Nationale Kirchenrat die Sowjetunion. Und die öffentlichen Erklärungen Billy Grahams zur sowjetischen Unterdrückung von Baptisten in der ehemaligen UdSSR waren schlimmer als überhaupt keine Unterstützung, sie waren gefühllos. Liberale linke Christen haben die Sandinista, Unterdrücker des *Christentums* in Nicaragua, unterstützt. Und erst kürzlich ist der Vatikan endlich mit einer heftigen Opposition gegen die Dezimierung der maronitisch-*katholischen* Gemeinde im Libanon herausgekommen. Die Erkenntnis des Bösen und öffentlicher Protest dagegen sind scheinbar keine christlichen Haupttugenden – so verhält es sich auch mit moralischem Gutsein und der Sorge um Erlösung.

Nichtsdestoweniger brauchen beide, die Welt und die Juden, ein kraftvolles und moralisch ambitioniertes Christentum. Das Versagen des Christentums führte zu Nationalsozialismus, Kommunismus, säkularer Leere, Hedonismus, zu Kulten und Konversionen in Religionen, die dem Judentum und seinen Werten nicht freundlich gegenüberstehen. Tatsächlich bleiben die Christen für die Welt die Hauptvermittler *unserer* Bibel. Die Juden verbreiten die Zehn Gebote nicht so, wie Christen das tun (der Amerika-

nisch-Jüdische Kongreß unterstützte das höchste Gericht in den USA, das das Aufhängen der Zehn Gebote in öffentlichen Schulen verboten hatte).
Ferner waren in der Nazizeit die säkularen, demokratisch-liberalen Demokratien kein Jota besser als die europäische Christenheit. Wenn sie ihre Grenzen geöffnet hätten oder die Gaskammern von Ausschwitz bombardiert hätten (immerhin haben sie es fertiggebracht, die Todesfabrik Auschwitz anzugreifen!), wären unzählige Juden gerettet worden. Hitler hatte Grund genug zu glauben, daß die Juden den europäischen Demokratien völlig gleichgültig waren. Die Juden, die anklagend das Schweigen von Papst Pius XII. monieren, aber nicht die in dieser Beziehung schreckliche Vergangenheit ihres Helden Franklin Delano Roosevelt angreifen, sind in der der Tat sehr wählerisch in ihren Verurteilungen, und es kann ihnen zur Last gelegt werden, daß sie lieber das Haupt der Katholiken angreifen als das der Liberalen.
Aber die Juden sollten auch die andere Seite der Christen nicht vergessen, wenn sie christlicher Sünden während des Holocaust gedenken. Erstens waren unter denen, die Juden retteten, eine überproportionale Anzahl gläubiger Christen. Zweitens wurden, während im katholischen Polen neun von zehn Juden ermordet wurden, im ebenfalls katholischen Italien fünf von sechs Juden gerettet. Drittens haben sich epochale Änderungen sowohl innerhalb der katholischen Kirche als auch im Protestantismus in der Einstellung gegenüber Juden und dem Judentum ergeben. Christen, besonders in den Vereinigten Staaten, gehören heutzutage zu den größten Verbündeten der Juden. Und abschließend wollen wir wiederholen: Es war nicht etwa das Christentum, das die Todeslager baute, sondern es war eine Ideologie, die jüdische und christliche Werte bekämpfte.

Über Pazifismus

Ich verstehe nicht, wie ein Mensch, der vom Horror in Auschwitz wußte, sich dennoch dem Pazifismus, d. h. dem Glauben, daß alles Töten falsch sei, verschreiben konnte. Die alliierten Soldaten, die Nazis getötet haben, haben dadurch Millionen unschuldiger Menschen vor dem Tod und vor Schicksalen, die noch schlimmer sind als Mord, gerettet. Diese Soldaten taten das Heiligste und Moralischste, was Menschen in den Jahren 1939 bis 1945 tun konnten. Solange es etwas Böses gibt, das nur durch Töten gestoppt werden kann, muß der Holocaust den Begriff Pazifismus für immer aus dem Wortschatz eines ethischen Menschen verbannen.

Es ist natürlich tragisch, daß so viele Völker kostbare Gelder für Rüstung ausgeben, aber die Waffen sind nicht das Problem: Es sind die Nationen, die Böses tun. Die Panzer, Granaten und Bomber, die Auschwitz befreiten, waren Instrumente des Mitleids, genauso wie Verbände und Arzneien.

Über Israel

Hätte es in den dreißiger Jahren den Staat Israel gegeben, hätte der Holocaust nicht stattgefunden. Zu Beginn wollte Hitler die Juden nur ausweisen, erst später beschloß er, sie umzubringen. Von Beginn des Holocaust an gab es zwei Typen von Staaten – solche die Juden auswiesen oder ermordeten und solche, die den Nazis entkommene oder ausgewiesene Juden an ihren Grenzen abwiesen. Hätte es Israel gegeben, dann wären die Juden wenigstens in einem Staat willkommen gewesen.

Im Gegensatz zu den Alliierten, die meinten, es stünde nicht in ihrer Macht, ein paar Flugzeuge zum Bombardieren der Gleise nach Auschwitz zu entbehren, hätte Israel das getan.

Unser Jahrhundert, das Nazi-Todeslager und kommunistische Gulags sah, hat schwache und ungeschützte Menschen fürchterlich behandelt. Daraus kann man schließen, daß militärische Stärke nationales Überleben nicht garantiert und angesichts eines

starken und bösen Feindes Schwäche die nationale Zerstörung verbürgt. Man muß nur die Tartaren, die Kurden und die Tibetaner fragen.
Nichtjuden müssen deshalb die Notwendigkeit eines starken jüdischen Staats erkennen. Und Juden dürfen nie vergessen, in welcher Lage sie einst, ohne ein starkes Israel, waren und leicht wieder sein können.
Die extrem rechten und linken Juden haben das jedoch noch nicht gelernt. Ganz linke Juden, wie Noam Chomsky, William Kunstler, Henry Schwarzschild von der ACLU und andere, sind gegen ein starkes Israel, und viele von ihnen widersetzen sich diesem Israel aus politischen und, wie ich vermute, meist aus psychopathischen Gründen.
Extrem rechte Juden, wie die von der *Neturei Karta,* stehen Israel aus religiösen Gründen feindlich gegenüber und behaupten, nur der Messias könne einen jüdischen Staat gründen.
Während es nur die extrem Rechten im Judentum sind, die Israels Existenz feindlich gegenüberstehen, gibt es auch religiöse Juden in Israel – und Fürredner in der Diaspora –, die Israel unterstützen, aber dabei glauben, daß das Studium der Torah wichtiger als das Kämpfen in der israelischen Armee sei. Von der Wirkung dieser Haltung auf Israelis, die ihr Land militärisch verteidigen, einmal ganz abgesehen, ist diese Theologie einfach unhaltbar. Einer der Grundlehrsätze des Judentums ist *›al tismoch al ha-nes‹*, d. h.: »Verlasse dich nicht auf ein Wunder!« Die Vorstellung, daß eine wild tobende, arabische Armee durch eine die Torah studierende israelische Bevölkerung abgelenkt werden könne, ist rational und jüdisch gesehen absurd, und nach dem Holocaust, in dem ganze die Torah studierende Gemeinden abgeschlachtet wurden, ist solch ein Denken gefährlicher Unsinn.
Der Holocaust selbst gibt keinem Juden einen Grund, sich mit den Juden zu identifizieren. Aber er gibt rationale Gründe vor, die ein sich mit seinem Volk identifizierender Jude braucht, um sicherzustellen, daß der jüdische Staat für immer stark bleibt.

Über die jüdische Sendung

Wenn Juden der Welt die moralischen Werte des Judentums nicht näherbringen, werden wir wieder unter solchen Menschen leiden, die entgegengesetzte Werte vertreten. Und jeder Tag, an dem das jüdische Volk nicht die einzigen Werte verbreitet, die weitere Holocausts verhüten können – jene Werte, die im ethischen Monotheismus verwurzelt sind –, bringt uns einem weiteren Holocaust näher.

Keine einzige jüdische Gruppe handelt jedoch in dieser Richtung. Die Orthodoxie zieht sich immer mehr in halachische Gettos zurück, und das Reformjudentum bejaht – statt des ethischen Monotheismus (ein Begriff, der von den Gründern des Reformjudentums geprägt wurde!) – auch weiterhin die Werte des säkularen und liberalen Humanismus.

Während Juden nicht verpflichtet sind, Nichtjuden zum Judentum zu bringen – nur zu ethischem Monotheismus –, ist es jedoch nicht verboten, das Judentum aktiv solchen Nichtjuden anzubieten, die nicht in die Kirche gehen. Tatsächlich ist dies eins der wichtigsten Dinge, die Juden tun können, um einen weiteren Holocaust zu verhüten. Das trifft aus mehreren Gründen zu. Erstens trägt die Existenz weiterer Juden aus rein praktischen Gründen zur Neutralisierung von Antisemitsmus bei. Jeder zusätzliche Jude stärkt alle Juden, genauso wie jeder assimilierende Jude alle Juden schwächt. Konvertiten zum Judentum vermindern die Zahl der Antisemiten. Die Wahrscheinlichkeit, daß Nichtjuden einem Juden während des Holocausts halfen, war viel größer, wenn diese ein jüdisches Familienmitglied hatten (oder einen jüdischen Freund). Das ist eine der wichtigsten Erkenntnisse über den Typ Mensch, der während des Holocausts Juden rettete.

Wenn Juden sich scheuen, das Judentum anzubieten, werden viele Menschen ganz einfach zu anderen Religionen übertreten. Die heutzutage am schnellsten wachsende Religion in den Vereinigten Staaten ist der Islam. In Anbetracht der anti-westlichen und anti-jüdischen Haltung dieser Religion sollten Juden hier sehr vorsichtig sein.

In Amerika haben die Juden dank ihrer Anzahl und ihres Einflusses und aufgrund der dortigen Offenheit und Freiheit eine starke Wirkung auf eine der größten Gesellschaften, eigentlich auf die maßgebende Gesellschaft der Welt. Aber stattdessen kann man das traurige Schauspiel beobachten, wie nichtreligiöse Juden Amerika zu säkularem Liberalismus zu bekehren suchen und damit Judentum und Christentum unterminieren und Millionen von Menschen anderen Religionen, extremer Politik und Kulten in die Arme treiben. Und auf der anderen Seite ignorieren die religiösen Juden die Nichtjuden und haben der Gesellschaft nichts zu sagen.

Nichts kann das Opfer der sechs Millionen kompensieren. Aber wenn die richtigen Lehren gezogen würden, wäre wenigstens ihr Tod nicht ganz sinnlos.

Als Elie Wiesel gefragt wurde, was die Welt vom Holocaust gelernt habe, soll er gesagt haben: »Das man damit davonkommen kann.« Bislang hat sich das als richtig erwiesen.

Frage 8

Warum sollte ich keine Mischehe eingehen? Glaubt das Judentum nicht an eine universale Brüderlichkeit?

> Viele Eltern in Mischehen erklären (…), daß ihr Kind, wenn es erwachsen ist, das Recht haben soll, seine eigene Identität zu wählen. Das bedeutet im allgemeinen, daß seine Identität die der Majorität sein wird … Die Mehrzahl der Kinder aus Mischehen zwischen Juden und Nichtjuden werden Nichtjuden sein.
>
> MARSHALL SKLARE,
> *America's Jews*
> [Amerikas Juden]

> Diese Leute [Juden, die sich assimilieren] (…) sind dem Judentum verloren, das ist alles; verloren auf einer Straße, die viel mehr Juden verschluckt hat als es der Terror Hitlers jemals vermochte. Natürlich überleben sie als Personen. Aber in den Kategorien von Sieg und Niederlage ist es gleichgültig, ob eine Division vernichtet wird oder ob sie sich in die Berge verflüchtigt und dort ihre Uniform abschüttelt.
>
> HERMAN WOUK,
> *This is My God*
> [Das ist mein Gott]

Diese Frage zu beantworten fällt uns am schwersten. Wenn wir über die zentrale Bedeutung der Juden in der Welt schreiben, über das jüdische Konzept von Gott und Mensch oder über die erhabene Natur des Schabbat appellieren wir an die Vernunft. Aber wenn wir über unseren Widerstand gegen die Mischehe schreiben, müssen wir sowohl gegen die Gefühle der Menschen argumentieren als auch an ihren Intellekt appellieren. Die Fragen eins bis sieben in diesem Buch sind unsere Antworten auf die zentralen Punkte des Judentums. Wenn Sie sie sorgfältig gelesen haben, hoffen wir, Sie von der Notwendigkeit überzeugt zu haben, das Judentum und das jüdische Volk am Leben zu erhalten. Es sollte Ihnen jedoch wenigstens deutlich geworden sein, warum uns – und Millionen anderer Juden – das allgemeine Engagement für das Judentum zutiefst bedrückt.

Der Kernpunkt: Werte, nicht Volkszugehörigkeit

Unsere Antwort auf die Frage nach der Mischehe hängt völlig von den Werten ab, die Sie mit Ihrem zukünftigen Partner und dem Judentum gemeinsam haben. Ist es Ihnen wichtig, daß das jüdische Volk und seine charakteristischen Werte überleben?

Wenn ja, ist es relativ leicht für uns, über das Thema der Mischehe mit Ihnen zu kommunizieren, da wir Ihre Werte und Sorgen teilen. Wir haben nur eine Frage: Steht die Person, die Sie heiraten wollen, auch hinter diesem Engagement und diesen Werten? Wenn ja, heiraten Sie diesen Menschen. Das Judentum heißt Konvertiten willkommen.[92]

Wenn Ihre Antwort jedoch negativ ist, gebietet die Logik den Ausschluß dieses Nichtjuden aus der Partnerwahl, dies würde genauso für inaktive Juden gelten. In unserer persönlichen Erfahrung hatten wir (die Autoren) Beziehungen zu jüdischen Frauen, die schließlich abgebrochen wurden, weil für diese Frauen das Judentum wahrscheinlich eine nebensächliche Angelegenheit geblieben wäre.

Wenn Sie ein engagierter Jude sind, müssen wir Ihnen nicht erklären, warum Sie jemanden heiraten sollten, der dieses Engagement teilt. Wenn Sie nicht solche romantischen Vorstellungen haben wie »Liebe gleicht alles aus« und nicht meinen, daß Sie nur eine einzige Person lieben können, sollte es offensichtlich für Sie sein, daß die Wahrscheinlichkeit einer glücklichen und erfolgreichen Ehe größer ist, je mehr Werte und Interessen Sie mit Ihrem Ehepartner teilen.

Aber was, wenn das Judentum größtenteils belanglos für Ihr

Leben oder zumindest nicht etwas ist, wofür Sie bereit sind, eine Beziehung zu opfern? Dann ist es für uns viel schwieriger, mit Ihnen über die Mischehe zu sprechen.
Alles, was wir tun können, ist, einen Appell an Sie zu richten.

Mischehe und der nicht engagierte Jude

Als erstes würden wir Sie bitten, eine Lebensweise, die Sie nicht kennen, nicht abzulehnen. Und bitte, halten Sie sich nicht zum Narren – Sie kennen das Judentum wirklich nicht. Die paar Stunden Bar oder Bat-Mitzvah-Singübungen, rein mechanisches Hebräisch und Papierkügelchenschießen: Das ist es, was Sie wahrscheinlich jede Woche im Religionsunterricht erlebt haben, und aufgrund dessen können Sie einfach nicht in der Lage sein, das Judentum zu kennen oder gar zu beurteilen. Dadurch mögen Sie vielleicht das Judentum Ihrer Jugend beurteilen können, aber das Judentum, das 3500 Jahre überlebt hat, das Judentum, das der Welt Gott und eine universale Moral vermacht hat, das Judentum, das Pharao, Rom, die Kreuzzüge, Chmelnitzky (der 1648 beinahe ein Drittel der jüdischen Bevölkerung ermordet hat), Hitler und Stalin überlebt hat, und das Judentum, das heute das jüdische Volk in den Wirbel menschlichen Schaffens zieht, ist das authentische und mächtige Judentum, und davon wissen Sie leider sehr wenig.
Wir appellieren deshalb an Ihren Verstand, authentisches Judentum und jüdische Geschichte zu studieren, und wir appellieren an Ihr Herz, einen Versuch zu machen, das Judentum als die wunderbare Lebensweise, die es ist, zu erfahren. Erst wenn Sie das Judentum studiert haben und sich intellektuell und praktisch zum Juden entwickelt haben, haben Sie die Freiheit, das Judentum abzulehnen. Wir aber glauben, daß es intellektuell nicht zu verantworten ist, die bedeutendsten moralischen Ideen der Geschichte aus Ignoranz abzulehnen; und die Ablehnung des jüdischen Volkes und seiner 3500jährigen Geschichte des Kampfes ums Überleben ist letztlich sowohl selbstverleugnend als auch egoistisch.

Der Jude, der eine Mischehe eingeht, verläßt in den Augen der übrigen jüdischen Gemeinde das Schiff, während engagierte Juden dafür kämpfen, es über Wasser zu halten. Neben ihrem Ideal, die Welt zu bessern, eine Welt, die zunehmend mehr Zynismus als Idealismus hervorruft – fühlen engagierte Juden eine persönliche Notwendigkeit, das Überleben des jüdischen Volkes zu sichern. Menschen zu heiraten, die dieses Engagement teilen, ein jüdisches Heim mit ihnen zu schaffen und jüdische Kinder aufzuziehen ist das Mark jüdischen Überlebens. Daß sie den alten Kampf für Ideale und ihr Volk fechten, so lautet die Antwort der Juden auf Hillels zwei Fragen: »Wenn ich nicht für mich bin, wer wird für mich sein? Aber bin ich nur für mich, was bin ich?« Und jetzt müssen auch Sie diese Fragen beantworten.

Ist es möglich, sich zu ändern?

Überlegen Sie das folgende: Wenn Sie sagen, es habe keinen Sinn für Sie, jüdisch zu sein, sind Sie ganz sicher, daß das auch so ist? Wie haben Sie zum Beispiel während und nach Yom Kippur 1973 reagiert, als der jüdische Staat wieder einmal von Zerstörung bedroht war? Was haben Sie empfunden, als Israel die jüdischen Geiseln aus dem Flughafen von Entebbe befreite? Haben Sie die Nachrichten in diesen Tagen nicht mit größerem Interesse oder häufiger als gewöhnlich verfolgt? Fühlen Sie sich an Israels Kämpfen genauso unbeteiligt wie Ihre nichtjüdischen Freunde oder Kollegen? Wie haben Sie auf die Fernsehserie *Holocaust* reagiert? Wenn Sie auf diese Ereignisse nicht besonders emotional reagiert haben, dann bedeutet Ihnen das Judentum wirklich wenig oder gar nichts.

Aber wenn der Nazi-Holocaust oder die Möglichkeit, daß Juden wieder abgeschlachtet werden könnten (in Israel oder anderswo) oder das Verschwinden des jüdischen Volkes durch Assimilation Sie emotional mehr als ihre nichtjüdischen Freunde berührt, dann bedeutet es Ihnen aller Wahrscheinlichkeit nach mehr, jüdisch zu sein, vielleicht viel mehr, als Sie denken. Und es ist in hohem Maße möglich, daß es Ihnen in naher Zukunft noch mehr bedeuten wird als zur Zeit. In der Tat, sollte so ein Wandel bei Ihnen stattfinden, wären Sie in guter Gesellschaft. Viele der größten jüdischen Führungspersönlichkeiten der letzten hundert Jahre waren Menschen, die in Ihrer Jugend keinerlei Interesse am Judentum hatten, und die erst später in ihrem Leben die zentrale Bedeutung des Judentums für sich und die Welt erkannten.

Theodor Herzl, Begründer des modernen Zionismus und derjenige, der letztlich für die Gründung Israels am meisten verantwortlich ist, war ein assimilierter Jude, bis er während der Dreyfus-Affäre im Jahr 1894 entdeckte, wie tief jüdisch er war, als er den französischen Pöbel »Tod den Juden« schreien hörte. Als Moses Hess, der Mann der Friedrich Engels zum Sozialismus bekehrte und den jungen Marx beeinflußte, in den Zwanzigern war, hielt er das Judentum für belanglos. Aber nach zwei Jahrzehnten entzweite sich dieser Vater des Sozialismus von Marx und Engels wegen der amoralischen Natur ihrer Ideologie und widmete seine späteren Jahre der Arbeit für das Judentum und das jüdische Volk. Sein Buch *Rom und Jerusalem*, geschrieben im Jahre 1862, beginnt folgendermaßen:

»Hier stehe ich wieder nach zwanzig Jahren der Entfremdung in der Mitte meines Volkes; ich nehme an seinen Feiertagen der Freude und der Trauer teil, seinen Erinnerungen und Hoffnungen, seinen geistigen Kämpfen zu Hause und mit den Völkern, in deren Mitte es lebt (...) Ein Gedanke, den ich für immer in meinem Herzen unterdrückt hatte, ist wieder lebendig gegenwärtig in mir – der Gedanke meiner Nationalität, untrennbar vom Erbe meiner Vorfahren, vom Heiligen Land und von der ewigen Stadt, *dem Geburtsort des Glaubens an die göttliche Einheit des Lebens und an die zukünftige Brüderlichkeit aller Menschen.* Dieser Gedanke, lebendig begraben, hat jahrelang in meinem versiegelten Herzen geklopft und Auslaß gefordert. Aber ich hatte nicht die nötige Energie für den Übergang von meinem Pfad, der anscheinend so weit vom Judentum entfernt war, zu diesem neuen Pfad, der vor mir in nebliger Entfernung erschien.«[93]

Ein anderer solcher Jude war ein russischer Poet mit einer so außergewöhnlichen Begabung, daß Maxim Gorki, der Vater der sowjetischen Literatur, voraussagte, er würde eines Tages einer der großen russischen Schriftsteller werden. Aber scheinbar unvermittelt beschloß Vladimir Jabotinsky, daß es wichtiger wäre, anderen Juden beizustehen, ihnen eine Heimat zu schaffen, als sein Leben der Poesie zu widmen.
Wenn Sie einen dieser drei Männer im Alter von zwanzig Jahren gefragt hätten, ob das Judentum für sie eine Bedeutung habe, geschweige denn ein Grund sei, keine Mischehe einzugehen, hätten sie sich wahrscheinlich darüber lustig gemacht. Einige Jahre später entdeckten diese Männer jedoch, daß ein Jude zu sein, ihnen die wichtigste Sache in ihrem Leben war.
Da ein ähnlicher Wandel auch in Ihrer eigenen Philosophie und Identität möglich ist, überlegen Sie sich, wie Sie sich fühlen würden, sollten Sie eines Tages im Moment großer Gefahr für die Juden oder Israel entdecken, daß Sie in großer Sorge sind, während Ihr Ehepartner nicht in gleichem Maße oder vielleicht überhaupt nicht so empfindet. Oder denken Sie darüber nach, wie Sie sich fühlen würden, wenn Sie etwas für die jüdische Sache tun wollten und Ihr Ehepartner etwas dagegen hätte. Oder ziehen Sie in Betracht, wie gehemmt Sie sich fühlen könnten, wenn Sie eines Tages beschließen sollten, über die jüdische Geschichte oder das Judentum zu lesen. Wir bitten Sie nicht, das Unmögliche zu tun, denn uns sind wiederholt traurige Fälle begegnet (inklusive Ehen zwischen zwei Juden), in denen ein Ehepartner anfing, mehr für das Judentum und/oder das jüdische Volk zu empfinden als der andere.
Diese Entwicklung kann ein Hauptgrund für Spannungen werden, denn wenn Sie einmal Ideale in Ihr Leben aufgenommen haben, gehen sie nicht leicht verloren. Wenn Sie nicht absolut sicher sind, daß Ihnen das Judentum wahrscheinlich nie ein bedeutender Faktor Ihres Lebens sein wird, ist es ratsam, mit ihrem potentiellen Ehepartner Ihr gegenwärtiges und potentielles Judentum zu diskutieren.
Vielleicht wollen Sie sich auch die Zeit nehmen, sich selber als Juden besser kennenzulernen oder sich und Ihren potentiellen

Partner in das Judentum und den jüdischen Glauben einzuführen. Wenn Sie beide das Judentum bereits studiert und in Ihrem Leben praktiziert haben, werden Sie viel besser feststellen können, wie wichtig das Judentum für Sie und Ihre Ehe sein wird. Sie werden feststellen können, welche der folgenden drei Möglichkeiten für sie Gestalt annehmen wird: 1. Das Judentum ist voraussichtlich keinem von Ihnen wichtig; 2. unter bestimmten Umständen (wenn Sie Kinder haben oder zur Weihnachtszeit oder bei einem Ausbruch von Antisemitismus in unserer Gesellschaft) wird Ihnen Ihr Judentum wichtig werden, und deshalb ist eine Mischehe für Sie nicht ratsam; 3. das Judentum ist für Ihren nichtjüdischen Partner von Interesse, und er oder sie erwägt den Übertritt. Wie auch immer Ihre Entscheidung aussieht, nachdem Sie jüdisches Leben studiert und praktiziert haben – die sorgfältige Erwägung dieser Frage wird die Wahrscheinlichkeit sehr reduzieren, daß Ihr Judentum zu einer Quelle ehelicher Spannungen gerät.
Eine Ehe zu führen ist schwierig genug, auch ohne das zusätzliche Problem verschiedener Werte, Religionen und Wurzeln. Bevor Sie eine Mischehe eingehen, kann eine leidenschaftslose Betrachtung dieser potentiellen Spannungsquellen nur hilfreich sein.

Die Auswirkungen der Mischehe auf Kinder

In einer abschließenden Betrachtung möchten wir Sie dazu bringen, die Wirkung einer Mischehe auf Kinder zu erkennen. Als erstes und Naheliegendstes sollten Sie sich darüber bewußt sein, daß Ihre Kinder wahrscheinlich nicht als Juden aufwachsen werden. Dies ist eine Tatsache des heutigen Lebens, u. a. bewiesen von einem der besten Soziologen des amerikanischen Judentums, Marshall Sklare: »Viele Eltern in Mischehen erklären (...), daß ihr Kind das Recht haben wird, seine eigene Identität zu wählen, wenn es erwachsen ist. Das bedeutet im allgemeinen, daß seine Identität die der Mehrheit sein wird. Nur wenn sich das Kind besonders stark mit dem jüdischen Elternteil identifiziert hat, wird es motiviert sein, sich der Minderheitsgemeinde einzuglie-

dern. *Die Mehrheit der Kinder aus Mischehen mit einem Juden wird nicht jüdisch sein (...).«*[94]
Zugegeben, vielleicht stört es Sie nicht, daß Ihre Kinder wahrscheinlich nicht als Juden aufwachsen. Aber es gibt zwei andere negative Nebenwirkungen der Mischehe auf Kinder, die Sie stören sollten, ungeachtet Ihrer gegenwärtigen Gefühle gegenüber dem Judentum.

Keine Quellen für moralische Orientierung

Da weder Sie noch Ihre Ehepartner Ihre Religionen ausüben und keiner von Ihnen zur Religion des anderen konvertieren will, können Ihre Kinder nicht wirklich religiös erzogen werden. Um keinen der Partner zu kränken, werden weder Judentum noch Christentum authentisch praktiziert; und es ist falsch anzunehmen, daß eine harmlose Kreuzung der beiden Religionen konstruiert werden könnte, die die Ethik beider Religionen miteinander verbindet. Es gibt bedeutende Unterschiede zwischen Judentum und Christentum (siehe Frage 4), und der Versuch, die zwei Religionen zu verschmelzen, wird nicht zu einer integrierten, sondern zu überhaupt keiner Religion führen. Mit den Worten von Georg Santayana: »(...) »der Versuch, religiös zu sein, ohne eine spezifische Religion zu praktizieren, ist genauso unmöglich wie der Versuch zu sprechen, ohne eine spezifische Sprache zu benutzen.«
Und was ethische Unterweisung ohne Religion betrifft, ist es – wie wir bei mehreren Gelegenheiten bemerkt haben – nicht genug, seinen Kindern zu sagen, ethisch zu sein, um sie ethisch zu machen. Dazu ist ein ethisches System nötig, das sich auf religiöse Werte gründet. Neben dem Judentum existiert kein vergleichbares säkulares System ethischer Unterweisung.
Wenn nicht von einem religiösen System zu Hause, wovon sollen Ihre Kinder dann ethische Werte ableiten können, die stark genug sind, um der Herausforderung des Lebens zu widerstehen?
»Auf welche zeitgenössische soziale Institution, die dem westlichen Menschen einen starken Sinn in moralischer Richtung geben kann, kann man sich verlassen? Die Universität? Die Massenmedien? Die Korporation? Den Country Club? Das

Labor? Das Sofa? Heutzutage kann nur religiöser Glaube (...) die Basis für eine soziale Ethik zur Verfügung stellen, die dieses Namens auch würdig ist ...«[95, 96]

Existentielle Einsamkeit

Es gibt eine weitere negative Nebenwirkung der Mischehe auf Kinder. Die Identifikation mit einer Gemeinde wird für diese Kinder unmöglich. Anstatt für sich selber zu bejahen und an die Kinder weiterzugeben, was so viele verlorene und einsame Individuen in der modernen Gesellschaft verzweifelt suchen, nämlich Verwurzelung und Verwandtschaft mit anderen, schließen Sie sich und Ihre Kinder völlig von einer Gemeinschaft aus, die über die engste Familie hinausgeht. Damit vererben Sie Ihren Kindern eine der allergrößten Quellen des Unglücklichseins in der modernen Welt: Entfremdung.

Denken Sie über die folgende empirische Beobachtung von C. G. Jung nach, einem der wichtigsten Psychoanalytiker des 20. Jahrhunderts:

»Ich will Aufmerksamkeit auf die folgenden Tatsachen lenken. Während der letzten dreißig Jahre haben mich Menschen aller zivilisierten Länder konsultiert. Ich habe Hunderte von Patienten behandelt, die meisten waren Protestanten, einige Juden und ungefähr fünf oder sechs gläubige Katholiken.

Unter all' meinen Patienten aus der zweiten Lebenshälfte, d. h. über fünfunddreißig Jahre alt, war nicht ein einziger, dessen Problem es letzten Endes nicht war, eine religiöse Lebensanschauung zu finden. Man kann sicher sagen, daß jeder von ihnen erkrankte, weil er verloren hatte, was die lebendigen Religionen aller Zeitalter ihren Anhängern gegeben haben, und daß keiner wirklich geheilt wurde, bis er nicht seine religiöse Anschauung wiedererlangt hatte.[97]

Wenn wir die jüdische Alternative zu dieser selbstauferlegten Entfremdung betrachten, wird die Tragödie der Trennung von den jüdischen Wurzeln noch deutlicher. Jüdisches Leben gründet sich auf die Gemeinde (so sehr, daß wir fast keine Gebete haben, die mit dem *ich* einsetzen), und es ist so strukturiert, damit sich das Leben eines jeden Juden mit geschichtlicher und gemeindlicher Bedeutung füllt. Wenn ein jüdisches Kind geboren wird, ist das ein großes Ereignis, nicht nur für die engere Familie, sondern auch für die Gemeinde. Wenn ein jüdischer Junge mit acht Tagen beschnitten wird, ist das keine antiseptische chirurgische Prozedur, sondern ein Gemeindefest, mit dem der Eintritt eines Juden in den Bund mit Gott gefeiert wird. Wenn ein jüdisches Mädchen den zwölften und ein jüdischer Junge seinen dreizehnten Geburtstag erreicht hat, feiern sie nicht allein oder auf einer Party, sondern mit der Gemeinde, die sie mit diesen Festen als verantwortliche erwachsene Mitglieder bestätigt. Wenn zwei Juden heiraten, ist ihre Hochzeit geheiligt »durch die Gesetze von Moses und Israel« und ebenfalls ein Gemeindeereignis. Sollten Israel oder Juden irgendwo zur Zielscheibe von Haß und Fanatismus werden, werden sich Juden zusammenschließen, um Geld zu beschaffen, um politischen Druck auszuüben und alles zu tun, was nötig ist, um anderen Juden zu helfen – Menschen, die sie noch nie gesehen, deren Land sie nie besucht haben und deren Muttersprache sie wahrscheinlich nicht sprechen. Wenn praktizierende Juden verreisen – von Marokko bis Sibirien, Alexandria und Louisiana (einige Orte, wo wir, die Autoren, persönlich bezeugen können, daß wir von anderen Juden freundlich empfangen wurden) – sind sie nicht allein, sondern finden Brüder und Schwestern, die sie aufnehmen, ihnen Essen geben und Liebe zeigen. Wenn ein Jude schließlich stirbt, nimmt die Gemeinde auch an diesem Ereignis im Lebenszyklus des Menschen teil. Die Gemeinde sorgt für ein würdiges Begräbnis, trauert um diesen Juden, besucht und tröstet die Verwandten, die *Schiva* sitzen (sieben Trauertage) und zündet die jährlichen Erinnerungskerzen für diesen Menschen an.

Der Mensch ist ein Gesellschaftswesen, und vom Anfang aller Zeiten und in allen Gesellschaften haben sich Männer und Frauen vereinigt, um Gemeinschaften zu bilden. Ob eine Person Sinn und Glück im Leben findet, hängt teilweise davon ab, ob sie einen Sinn für Gemeinschaft mit anderen hat. Die Gemeinde Israels ist bereit, mit ihren Mitgliedern alle Freuden und Leiden zu teilen. Sie tat das für die Urgroßmutter und den Urgroßvater in Polen (oder in Rußland, Deutschland, Syrien usw.) und für die

Eltern in Amerika. Sie wird das aber nicht für ihren Sohn oder ihre Tochter tun, denn diese haben sich von der jüdischen Gemeinde entfernt.

ZUSAMMENFASSUNG

Genauso gut könnte man fragen, ob Einstein nicht an die Relativität glaubte. Das Judentum ist die Quelle des Ideals universaler Brüderlichkeit. Jüdische Propheten sind in der ganzen Welt als die frühesten und leidenschaftlichsten Verfechter universalen Friedens und universaler Brüderlichkeit anerkannt.

Aber wie erreichen wir universale Brüderlichkeit? Ist die Assimilation der jüdischen Minderheit in die Mehrheitskulturen die Antwort? Ist es der Abschied vom Judentum? Aber was für eine Art von Universalismus ist das, der von kleineren Gruppen verlangt, ihre Identität aufzugeben? Das ist Totalitarismus, nicht Brüderlichkeit. Der einzige Weg für die Völker, Brüderlichkeit zu erwirken, ist das Teilen der selben moralischen Werte, während die ethnischen Verschiedenheiten beibehalten werden.

Genau wegen unseres Engagements für universelle Brüderlichkeit verkünden wir das Judentum so leidenschaftlich, und weil wir glauben, daß das Judentum die lebensfähigste Methode für die Verwirklichung dieses Ideals bietet. Wenn wir Juden bitten, ihre Entscheidung, eine Mischehe einzugehen, nochmals zu überdenken, hat diese Bitte absolut nichts mit negativen Gefühlen gegenüber Nichtjuden oder automatisch positiven Gefühlen gegenüber geborenen Juden zu tun. Grund für diese Bitte ist lediglich unser Engagement für das Überleben der Juden und ihres Ideals, die Welt zu bessern.

Frage 9

Wie beginne ich, das Judentum zu praktizieren?

In einer wohlbekannten Geschichte wird ein Rabbi, als er zu seiner neuen Gemeinde kommt, vom Gemeindepräsidenten beiseite genommen, der ihm den freundlichen Rat gibt, über bestimmte Themen nicht vom Predigerpult zu sprechen: über die Religionsschule – denn die Kinder müßten Musik- und Tanzstunden nehmen und bräuchten die Nachmittage zum Spielen; über Schabbat – denn in Amerika müsse man am Schabbat arbeiten, um seinen Lebensunterhalt zu verdienen, und das sei vorrangig; über die Speisegesetze, Kaschrut, – denn das sei nur eine antike Gesundheitsmaßnahme, die in der heutigen Zeit nicht am Platz sei, darüber hinaus sei es für die Frauen zu problematisch, mit zwei Geschirren zu arbeiten. Von diesem Rat überrascht, fragte der Rabbi besorgt: »Wenn ich nicht über die Religionsschule, nicht über den Schabbat und nicht über Kaschrut sprechen kann, ja, worüber soll ich dann sprechen?« Der Präsident antwortete milde erstaunt: »Das ist doch überhaupt kein Problem, sprechen Sie nur über das Judentum!«

SAMUEL, DRESNER,
The Jewish Dietary Laws
[Die jüdischen Speisegesetze]

Die »Noch nicht«-Einstellung

Als Franz Rosenzweig, einer der führenden jüdischen Denker des zwanzigsten Jahrhunderts, einmal gefragt wurde, ob er die *Tefillin* (Gebetsriemen, die jüdische Männer jeden Morgen [zum Beten] nahe Kopf und Herz festbinden sollen) anlegen würde, antwortete er: »Noch nicht.« Zu diesem Zeitpunkt in seinem Leben fühlte sich Rosenzweig spirituell nicht in der Lage und bereit, *Tefillin* anzulegen – aber er glaubte nicht, daß diese mangelnde Bereitschaft für immer andauern würde. Durch seine Antwort: »Noch nicht« statt »Nein« bekundete Rosenzweig seine Absicht, spirituell weiter zu wachsen. Obwohl er zu der Zeit noch nicht dazu bereit war, konnte er einen Tag voraussehen, an dem das Anlegen der *Tefillin* ein natürlicher Ausdruck seines Wachsens im Judentum sein wäre.

Um sich der Aufgabe, die Welt zu bessern, zu stellen, muß das jüdische Volk die Fragen nach seiner persönlichen [jüdischen] Praxis mit Rosenzweigs: »Noch nicht« beantworten. »Folgst du dem jüdischen Gebot, zehn Prozent deines Verdienstes für *Zedaka* [wohltätige Zwecke] zu geben?« – »Noch nicht, aber ich gebe jedes Jahr mehr von meinem Einkommen.« »Folgst du allen Schabbatgesetzen, um den Schabbat in deinem Haus zu heiligen?« – »Noch nicht ganz, aber wir haben begonnen, den *Kiddusch* [die Segnung des Weins] und die *Birkat Hamason* [Dankgebet nach dem Mahl] während des Schabbatmahles zu rezitieren. Wir verlassen uns auch nicht mehr auf das Fernsehgerät und werden bald eine Schabbatdiskussionsgruppe mit unseren Freunden starten.« »Hast du alles, was dir möglich war, für russische Juden getan?« – »Noch nicht, aber die ganze Familie hat kürzlich an einer Demonstration für russische Juden teilgenommen, und wir haben begonnen, mit einer russischen Familie, die auf ein Ausreisevisum wartet, zu korrespondieren.« »Befolgst du die Speisegesetze?« – »Noch nicht ganz, aber wir essen weder Schweinefleisch noch Schalentiere.«

Die Tiefgründigkeit dieser »Noch nicht«-Antwort besteht darin, daß sie für jeden anwendbar ist, sowohl für den Juden, der viele Jahre versucht hat, das Judentum zu praktizieren, als auch für den, der gerade erst beginnt, das Judentum in sein Leben einzubeziehen. »Befolgst du die *Zedaka*-Gesetze?« – »Noch nicht ganz. Obwohl ich zehn Prozent meines Einkommens für *Zedaka* gebe, verbringe ich nicht genügend Zeit für wohltätige Zwecke.« »Befolgst du den Schabbat in deinem Haushalt nach dem jüdischen Gesetz?« – »Noch nicht ganz. Es ist wahr, meine Frau und ich verletzen keine Schabbatgesetze, aber zu oft schlafe ich fast den ganzen Tag. Deshalb beginne ich eine *Chavurah* [Lerngruppe mit einem Freund] jede Woche nach dem Gottesdienst in der Synagoge, um sicher zu sein, daß ich in meinen jüdischen Studien auf dem laufenden bleibe.« »Hast du alles getan, was du für russische Juden tun konntest?« – »Ich habe noch nicht genug getan. Ich gehe zwar seit Jahren mit meiner Familie zu Demonstrationen und schreibe Briefe, aber jetzt sind wir im Kampf der ›Studenten für das Russische Judentum‹ und in der ›Nationalkonferenz für Russische Juden‹ aktiv.« »Befolgst du die Kaschrutgesetze?« – »Wir befolgen Kaschrut, aber noch nicht mit allen moralischen Implikationen. Wir unterstützen Gruppen, die gegen unmenschliche Formen der Jagd protestieren und kämpfen. In unserer Gemeinde ist außerdem eine große Universität, in der sehr wenige jüdische Studenten *Kaschrut* einhalten, entweder weil sie die Gründe für *Kaschrut* nicht kennen oder weil es zu teuer ist; deshalb haben einige Freunde und ich dem Hillelrabbi bekanntgegeben, daß wir ein offenes Haus haben, in das Studenten zum Essen am Schabbat oder unter der Woche eingeladen sind.«

Wenn Juden, sei es individuell oder als Gemeinde, anfangen würden: »Noch nicht« zu antworten, würden wir täglich daran erinnert werden, daß wir alle auf der Suche nach Gott und Tugend »noch nicht« am Ziel sind und daß wir deshalb die Hilfe des anderen brauchen. Um Jakob Petuchowski, Professor für jüdische Theologie am Hebrew Union College, frei wiederzugeben: Diese Einstellung zum Judentum wird Einheit unter all denjenigen Juden erzeugen, deren Vorbild religiöser Praxis vom Wunsch bestimmt ist, auf Gottes Gebote zu hören. Die »Noch nicht«-Einstellung hat einen traditionellen Rabbi zu den folgenden Worten inspiriert: »Ich kann jemanden, der in einem nichtkoscheren Restaurant Rindersteaks statt Schweinekoteletts bestellt, weil er die Speisegesetze befolgt, nicht mehr auslachen. Seine Wahl gründet sich auf einen ernsthaften Wunsch, keine [nicht koscheren] Tiere zu essen. (...) Wenn er sich weigert, Butter darauf zu geben und Milch in seinen Kaffee zu gießen wegen [des Gebotes] »Koche das Zicklein nicht in seiner Mutter Milch«, respektiere ich ihn noch mehr. Und wenn er Fisch statt Fleisch ißt, sehe ich, daß er ehrlich darum kämpft, Gottes Willen zu erfüllen.«[98]

Wenn Sie diesen Abschnitt über die Praxis des Judentums lesen, denken Sie daran, daß wir keine Befehle niederschreiben, denen Sie folgen müssen, und daß wir keinesfalls damit sagen wollen, daß wir alles das getan haben, was wir vorschlagen. Wenn uns jemand fragt, ob wir alles befolgen, was in unserem Buche steht, würden auch wir: »Noch nicht« antworten. Was wir hier beschreiben, sind Aktivitäten, die, unserer Meinung nach, helfen können, ein dynamisches, jüdisches Leben zu führen. Unsere Antworten können sicher keinen vollständigen Überblick über das jüdische Gesetz geben, nicht einmal auf den behandelten Gebieten. Sie soll nur einen Anfang machen, um schließlich die Frage beantworten zu können: »Wie fange ich an, das Judentum in mein Leben einzubeziehen?«

Mögen Sie stark und stärker werden!

Wie man den Schabbat einhalten kann

> Ich glaube nicht, daß es Sünde ist, die Hauptregeln des Schabbat nicht einzuhalten, aber ich habe bestimmt eine Gelegenheit versäumt, die unwiederbringlich ist. Ein Schabbat, den ich versäumt habe, wird mir nie wieder gegeben, ich habe ihn verloren.
>
> –RICHARD ISRAEL,
> *The Condition of Jewish Belief*
> [Die Voraussetzungen des jüdischen Glaubens]

Wenn man den Freitagabend für ein großes und langes Mahl freihält, ist das der beste Anfang, um den Schabbat einzuhalten. Es kann sein, daß es am Anfang schwerfällt, dies zu arrangieren, besonders in Familien mit Kindern, aber nach einem

oder zwei Monaten werden Sie sich einen Freitagabend ohne ein Schabbatmahl nicht mehr vorstellen können.
Wir würden dazu folgende Richtlinien vorschlagen:

1. *Bereiten Sie den Freitagabend und den Schabbat die ganze Woche vor.* Wenn Sie Kinder haben, bitten Sie die Kleinen, eine jüdische Bastelarbeit zu machen oder ein jüdisches Gedicht oder Lied zu lernen und es der Familie vorzutragen. Ältere Kinder können über einen jüdischen Artikel sprechen, eine Diskussion führen oder ähnliches.
   Bewahren Sie das beste Tischtuch und Besteck für den Schabbat auf und ziehen sie die schönsten Kleider an, um zu zeigen, daß der Schabbat etwas Besonderes ist.
2. *Zünden Sie die Schabbatkerzen an.*
3. *Segnen Sie die Kinder.* Diese Segnung, die nach der *Kabbalat Schabbat*, dem Gottesdienst am Freitagabend, rezitiert wird, wird von den Eltern gesprochen. Der Vater oder die Mutter, oder beide, umarmen das Kind, berühren mit den Lippen seine Stirn und sagen zu einem Sohn: »Möge Gott dich wie Ephraim und Menasche machen!« und zu einer Tochter: »Möge Gott dich wie Sarah, Rebecka, Rachel und Lea machen!«
   Herbert Wiener, ein amerikanischer Reformrabbiner, war, als er sah, wie ein alter nordafrikanischer Jude solch einen Segen in Safed sprach, so bewegt, daß er schrieb: »Ich mußte an erfolgreiche Väter aus der Vorstadt denken, die gut für ihre Kinder gesorgt haben, aber niemals die Ehre und den Respekt erhalten würden, die diesem alten nordafrikanischen Juden zufielen, der seinen Segen zu bieten hatte.«[99]
   Amerikanische Juden, die diesen Brauch in ihre Familien aufgenommen haben, berichten über einige unerwartete Reaktionen. Wir kennen eine Familie, in der die Kinder den elterlichen Segen mit ihrem eigenen erwidern.
   In einem anderen Haushalt beobachteten Nachbarn das Ritual und fragen danach die Eltern, welches Geschenk sie für ihre Tochter kaufen würden. Sie hatten angenommen, die Eltern hätten dem kleinen Mädchen etwas versprochen, weil

ihr Gesicht aufgeleuchtet hätte, nachdem der Vater ihr etwas zugeflüstert hatte.

4. *Sprechen Sie den Kiddusch.* Der *Kiddusch* über den Wein wird gewöhnlich vom Vater gesprochen. In einer gemischten Studentengemeinde oder in einer Zusammenkunft außerhalb des Hauses kann ihn zu Beginn jeder sprechen. Es ist wichtig, kleine Kinder zu ermutigen, den *Kiddusch* zu sprechen, damit sie sich an die Schabbatpraxis gewöhnen und ihnen ein Gefühl der Teilnahme vermittelt wird.

   Am Ende des *Kiddusch* antworten alle Anwesenden mit »Amen«, der Rezitierende trinkt aus dem Weinglas, und dann wird es herumgereicht, damit alle davon trinken können.

   Der *Kiddusch* betont zwei Motive: die Nachahmung Gottes und die Freiheit. Am siebten Tag ruhen wir wie Gott, der in sechs Tagen die Welt erschuf und am siebten ruhte. Und am Schabbat sind wir freie Männer und Frauen, die für niemanden arbeiten.

5. *Waschen Sie sich die Hände, bevor die Challah (ein besonders weiches Brot, das für den Schabbat gebacken wird) gegessen wird.* Irrtümlicherweise glauben viele Juden, daß das jüdische Ritual des Händewaschens aus hygienischen Gründen praktiziert wird. Jüdisches Gesetz verlangt jedoch, daß die Hände *vor* dieser rituellen Waschung hygienisch sauber sind. Wir tauchen unsere Hände in Wasser und sprechen einen Segen, um dem Mahl, das wir dann essen werden, Spiritualität zu verleihen. Danach wird die *Challah* geschnitten, begleitet vom *Hamotzi,* dem Segen: »Gepriesen bist Du, Ewiger, unser Gott, König der Welt, der Brot aus der Erde hervorbringt.«

6. *Singen Sie während des Mahles, um die Schabbatfreude auszudrücken.* Gesungen wird aus traditionellen Schabbat-*Zmirot* oder anderen hebräischen oder englischen Liedern, die für die Schabbatatmosphäre geeignet sind.

   Ein sechsjähriges Mädchen aus einer nichtpraktizierenden Familie fragte, nachdem sie die Leute singen gehört und die brennenden Kerzen und alle schön gekleidet gesehen hatte: »Hey, wofür ist die Party?« – »Wir haben jeden Freitagabend solch eine Party«, antworteten wir.

7. *Rezitieren Sie die Birkat Hamazon (Dankgebet am Ende des Mahles).* Das Mahl endet mit einem Ausdruck der Dankbarkeit Gott gegenüber, der Leben, Gesundheit und genügend Essen gab.
8. *Studieren und diskutieren Sie Texte und Ideen während und nach dem Essen.* Dem Talmud zufolge sind »der Schabbat und die Feste Israel nur deshalb gegeben, um [den Juden] eine Gelegenheit zu geben, die Torah zu studieren.« Besonders heutzutage, da die jüdische Gemeinde im großen und ganzen jüdisch ungebildet ist, ist es von entscheidender Bedeutung, daß das Schabbatmahl eine erzieherische Funktion hat. Gleichgültig wie alt die Kinder sind, sollte die Familie die Torah mit den Kommentaren studieren und versuchen, die ethische Bedeutung ihrer Geschichten und Gesetze zu erfassen.

   Die folgende Diskussion der Geschichte von Sodom und Gomorra ist ein Beispiel für die philosophische und moralische Tiefe, die sich in einem Torahkapitel findet:

   1 Mose 18 erzählt die Geschichte von Sodom und Gomorra, zwei altertümlichen Städten im Nahen Osten, die von bösen Menschen bewohnt und kontrolliert wurden. Die Bibel überliefert eine einzigartige Debatte, die zwischen Abraham und dem Schöpfer über diese Städte stattfand. Als Gott Abraham von Seinem Entschluß informierte, die Städte zu zerstören, protestierte Abraham und appellierte an Gott: »Das sei fern von Dir, solches zu tun, den Gerechten zu töten mit dem Frevler, daß der Gerechte gleich dem Frevler wäre. Das sei fern von Dir! Sollte der Richter der ganzen Erde nicht Recht üben?« (1 Mose 18,25). Er bat Gott, die Städte zu schonen, wenn fünfzig, fünfundvierzig, dreißig, zwanzig oder sogar nur zehn gerechte Menschen darin gefunden werden würden. Gott entsprach allen Bitten Abrahams. Als deutlich wurde, daß mit Ausnahme einer Familie die gesamte Bevölkerung der Städte böse war, schickte sich Gott an, die Städte zu zerstören.

Diese Geschichte ist ein gutes Beispiel dafür, wie die Bibel ein universales Thema – in diesem Fall das Böse – angeht und dessen Ideale so darstellt, daß das Studium der Bibel für Kinder und Erwachsene bedeutungsvoll wird. Erwachsene und Kinder lernen aus dieser Geschichte, daß es universale moralische Maßstäbe gibt, die sogar in Orten wie Sodom und Gomorra bindend sind (ersetzen Sie sie durch Nazi-Deutschland, die Sowjetunion und andere totalitäre Staaten, wo das Böse gut genannt wurde), und daß es das Böse verdient, bestraft zu werden und letzten Endes auch bestraft wird.

Diese offensichtlichen Punkte berühren jedoch kaum die Oberfläche von alledem, was noch in der Sodom-und-Gomorra-Geschichte angedeutet wird. Jahrtausendelang haben jüdische Kommentatoren, Philosophen und gewöhnliche Juden an ihrem Schabbattisch über weitere Bedeutungen dieser Erzählung diskutiert.

(a) Welche Bedeutung hat die Debatte Abrahams mit Gott? Hat die Herausforderung Gottes durch Abraham für uns heute eine Bedeutung? Wann sollten wir gegen Gott protestieren? »Sollte der Richter der ganzen Welt nicht Recht üben?«

(b) Ist eine Tat gut, weil Gott es so sagt, oder sagt Gott, sie sei gut, weil sie gut ist? Dieses Kapitel scheint die letztere Ansicht widerzuspiegeln, denn Abrahams Vorstoß impliziert, daß Gottes Entscheidung, Sodom zu zerstören, nicht gerecht sei, wenn Gott diese Entscheidung moralisch nicht rechtfertigen kann.

(c) Obwohl wir die Geschichte sehr oft erzählt hatten und sicher waren, daß wir sie gut verstanden hatten, studierten wir diesen Abschnitt vor kurzem mit Freunden und lernten, wie unrecht wir hatten. Wir hatten immer nur angenommen, daß Abraham für das Leben der guten Menschen von Sodom und Gomorra gebeten hatte. Aber unsere Freunde wiesen darauf hin, wenn Abrahams Sorge nur den guten Menschen gegolten hätte, hätte er von Gott verlangt, *sie* zu retten. Aber das schlägt er nirgends vor. Er bittet um die Rettung *aller* Menschen dieser Städte, sofern sich darin mindestens zehn gute Menschen finden lassen. Warum? Und warum hört es bei zehn auf?

Die hebräische Bibel ist das einflußreichste Buch der Geschichte. Ein Grund ist, daß sie eine Herausforderung und für Leute jedes Alters zugänglich ist.

9. *Versuchen Sie das Niveau Ihrer Gespräche auf Schabbatniveau zu heben.* Wenn Sie den ersten acht Vorschlägen gefolgt sind, sollte die Atmosphäre Ihres Schabbattisches feierlicher als die Stimmung an Ihrem Tisch in der Woche sein. Aber eine Sache kann diese wunderschöne Szene zerstören – Klatsch. *Versuchen Sie deshalb eher über Ideen und Probleme als über Persönlichkeiten zu sprechen.* Sollte es Ihnen gelingen, das zu tun, wird es nicht mehr lange dauern, bis sich das Niveau all ihrer Gespräche verändert.
10. *Sehen Sie am Schabbat nicht fern.* Fernsehen macht uns passiv; Schabbat ist ein Tag, der uns dazu herausfordert, uns auf unsere eigenen Mittel [zur Unterhaltung] zu verlassen. Fernsehen lehrt uns, die Zeit totzuschlagen; der Schabbat lehrt uns, die Zeit zu benutzen und Zeit zu heiligen. Laut Nielson-Untersuchungen läuft das Fernsehgerät in amerikanischen Haushalten jeden Tag mehr als sechs Stunden. Lassen Sie das Fernsehgerät einen Tag pro Woche ausgeschaltet, und Sie gewinnen mehr als ein Drittel der Zeit, die eine amerikanische Familie durchschnittlich wach ist. Der Schabbat ist ein natürlicher Tag, deshalb sind keine »künstlichen Hilfsmittel« erlaubt. Lesen, reden, laufen, singen, umarmen, lachen und schlafen Sie, aber sitzen Sie nicht schweigend vor dem Fernsehgerät.

Die Schabbat-Erfahrung

Wie wir in Frage zwei darlegten, ist Sinn des Schabbattages, einen Tag des Friedens auf Erden zu erschaffen. Wenn man den Schabbat bewußt befolgt, sorgt der Schabbat für einen Frieden fast im himmlischen Sinn bei demjenigen, der diesen Tag heiligt.

Frieden zwischen Menschen. Die Schabbat-Erfahrung sollte mit anderen geteilt werden. Wenn Sie zu Hause ein Schabbatmahl geben, laden Sie andere dazu ein, besonders Menschen, die am Schabbat alleine sind. Teilen Sie Ihren Schabbat mit Witwen und Witwern, mit Geschiedenen, Singles und Studenten. Wenn eine Familie russischer Juden in Ihrer Gemeinde ist, laden Sie sie ein; vielleicht haben sie noch nie an einem Schabbatmahl teilgenommen.

Aber natürlich müssen Sie sich auch Zeit reservieren, um am Schabbat mit Ihren Lieben allein zu sein. Sorgen Sie dafür, daß sich die Familie *zusammen* am Schabbat erfreut. Ein Zusammensein am Mittwoch zu arrangieren, wäre viel schwieriger.

Frieden zwischen Mensch und Natur. Gehen Sie am Schabbat in der Natur spazieren, um Gottes Wunder zu betrachten und schätzen zu lernen, aber nutzen Sie nicht aus, was Sie sehen. Pflücken Sie die schöne Blume nicht, auch wenn sie ein Geschenk für jemanden, den Sie lieben, sein soll. Beschränken Sie Ihre Gabe auf eine verbale Beschreibung dessen, was Sie sahen. Schwelgen Sie in Ihrem Garten, aber graben, pflanzen, düngen, jäten, schneiden, stutzen oder mähen Sie nicht. Wenn Sie Ihr Haus wieder betreten, suchen Sie nicht nach Dingen, die repariert werden müssen. Der Schabbat ist kein Tag für Hausarbeiten. Und da wir nicht in die Natur eingreifen sollen, zünden Sie kein Feuer an, um zu kochen oder zu rauchen (2 Mose 35,2). *Lassen Sie am Schabbat die Natur ruhen, so wie auch Sie ruhen; befreien Sie die Natur von Ihrer Herrschaft, genauso wie auch Sie befreit sind.*

Frieden zwischen Mensch und Gott. Nehmen Sie sich am Schabbat Zeit für sich selber, um zu denken, zu studieren und nachzudenken. Seien Sie innerlich schöpferisch. Wie Rabbi Moses Tendler von der Yeshiva-Universität schreibt: »Sechs Tage lang teilen wir mit den Tieren des Feldes ein gemeinsames Ziel – das materielle Auskommen. Nur am Schabbat, wenn wir Gott als den Schöpfer ausrufen und den Menschen nach Seinem Bild erschaffen, nehmen wir eine wahrhaft menschliche Dimension an. In einer Hängematte auszuruhen und an einem großen Essen zu kauen wäre eine weitere Nachahmung der Tierwelt. Auszuruhen, indem man den Tag in intellektueller Unruhe verbringt, im geistfolternden Studium Gottes und des Menschen, in ermüdender Prüfung der von den Kindern in der Woche betriebenen Studien, das ist ein einzigartiges jüdisches Konzept.«

DAS SCHABBAT-POTENTIAL
Wenn Sie den Schabbat annehmen, wird er zu einem geliebten Tag, den Sie mit Freunden teilen wollen. Das Schabbatideal hat das Potential, eine zerstrittene Welt in eine harmonische und friedliche Welt umzuformen, eine Welt, die damit beschäftigt ist, materiellen Reichtum anzuhäufen, in eine Welt umzubilden, die damit beschäftigt ist, spirituelle Größe zu erreichen.
Merken Sie sich: Je mehr der Schabbat sich vom Rest der Woche unterscheidet, desto schöner wird er.

Engagement für Israel

Nur wenn viele engagierte Juden in Israel leben, werden wir die jüdische Rolle in der Welt ausfüllen können. Deshalb ist es das beste für Sie selber, Ihre Kinder, das jüdische Volk, Israel und die Welt, wenn sie *Aliyah* praktizieren, *d. h. nach Israel ziehen und dort leben.* Genauso wie ein Norweger ein echtes norwegisches Leben nur in Norwegen führen kann, kann ein Jude nur in Israel authentisch leben.
Sollte *Aliyah* für Sie zum gegenwärtigen Zeitpunkt unmöglich sein, drängen wir Sie zu den folgenden Aktionen, die Ihre Bindung an den jüdischen Staat festigen werden.

1. Besuchen Sie Israel, sooft sie können. Reisen Sie im Land umher und treffen Sie seine Einwohner. Fühlen Sie sich in Israel zu Hause. Sie sind es.
2. *Leben Sie ein Jahr in Israel.* Wenn Sie Student sind, ist das relativ leicht zu arrangieren. Es gibt Plätze an jeder Universität (und an vielen High Schools), in *Yeshivots* (die meisten sind entweder nur für Männer oder nur für Frauen), in anderen Schulen und in Kibbuzim, (die immer Menschen brauchen können, die für Unterkunft, Verpflegung und Hebräisch-

unterricht arbeiten). Wenn Sie im Grundstudium sind, sollten Sie ernsthaft überlegen, ein Jahr in Israel zu verbringen, sogar wenn das bedeutet, daß Sie Ihr Examen um ein Jahr verschieben. Dieses Jahr wird Ihrem Leben eine Bedeutung geben, die Ihnen kein akademischer Abschluß bieten kann.

Aber ein Israel-Jahr sollte nicht auf Studenten beschränkt sein. Gleichgültig welchen Beruf man hat, sollte jeder ein Jahr oder länger im einzigen jüdischen Land der Welt verbringen, dem Land, das das Potential hat, eine auf das Judentum gegründete Gesellschaft zu erschaffen. Sie brauchen Israel genauso, wie Israel Sie braucht.

3. *Lernen Sie Hebräisch.* Das ist das wichtigste, um sicherzugenen, daß ihr Besuch in Israel eine Bedeutung erhält und/oder um sich in Israel anzupassen. Viele Israelis sprechen Englisch, aber ihre Muttersprache ist Hebräisch und wird zunehmend die Zweitsprache von Juden in der ganzen Welt. Hebräisch ist die Sprache des jüdischen Volkes, seiner Bibel und seiner Gebete. Hebräisch zu können ist ein großer Schritt auf dem Weg zu einem erfüllten, jüdischen Leben.
4. *Informieren Sie sich über die Einzelheiten des Nahostkonflikts.* Israel erhält zunehmend Unterstützung für sein Recht, in Frieden und Sicherheit zu leben, wenn die Leute die Fakten der arabisch-israelischen Auseinandersetzung genauer kennen. Sorgen Sie deshalb dafür, daß Ihre Freunde, jüdische und nichtjüdische, die Fakten ebenfalls kennen, um so antiisraelischer Propaganda mit der Wahrheit begegnen zu können. Als Einstieg empfehlen wir Ihnen »*Myths and Facts*« [Mythen und Fakten], eine knappe Darstellung von Tatsachen-Erwiderungen zu arabischen und linken Mythen über Israel, die zweimal jährlich vom *Near East Report* veröffentlicht wird (444 No.Capitol Street, N.W., Washington, D.C. 2001 – der Text ist für $ 2.95 pro Heft erhältlich). Diese Darstellung ist Pflichtlektüre für alle, die Israel kennenlernen und Israels Sache verteidigen wollen.
5. *Appellieren Sie an das amerikanische Volk um Unterstützung Israels.* Wegen der zunehmenden massiven arabischen, linken und isolationspolitischen Propaganda ist es nötig geworden,

sich vor allen Amerikanern für Israel auszusprechen, nicht nur vor offiziellen Volksvertretern. Erfahrene Sympathisanten Israels müssen in jeder Gemeinde, vor Clubs, in Kirchengruppen, Schulen und dergleichen sprechen, um zu erklären, warum die amerikanische Unterstützung Israels, politisch und militärisch, sowohl im amerikanischen als auch von moralischem Interesse ist. Sollten Sie Mitglied einer solchen Organisation sein, ermöglichen Sie es, daß jemand einen pro-israelischen Vortrag hält. Richard Reeves, ein nichtjüdischer Journalist, kritisierte amerikanische Juden, weil sie ihre pro-israelischen Bemühungen auf Washington und ein paar Zentren mit jüdischer Bevölkerung beschränken. Die Zeit ist für »amerikanische Juden gekommen, (...) in die Offensive zu gehen und für Israel einzutreten, ohne Ausflüchte oder Selbstmitleid.«[100] Wenn wir nicht die Unterstützung des amerikanischen Volkes für Israel organisieren, werden die Einstellungen der Araber, der Linken und der Ölgesellschaften die einzigen Stimmen sein, die gehört werden.

6. *Unterstützen Sie politische Kandidaten, die sich um Israel und moralische Probleme sorgen.* Diese Unterstützung sollte nicht nur in Geld ausgedrückt werden, sondern auch in freiwilliger Arbeit usw. Eine Unterstützung für Kandidaten, die Israels Sicherheit sichern wollen, erhebt weder die Streitfrage doppelter Loyalität noch einer sich auf nur ein Thema beschränkenden Politik. Jeder Kandidat, der sich dafür ausspricht, die amerikanische Unterstützung von der einzigen Nahostdemokratie abzuziehen, ist es moralisch sicher nicht wert, ein politisches Amt in der amerikanischen Demokratie innezuhaben.
7. *Spenden Sie Geld für den »United Jewish Appeal«, »Israel Bonds« und andere israelische Angelegenheiten.* Amerikanische Juden haben in der Vergangenheit großzügig reagiert, (obwohl es traurige Tatsache ist, daß mehr als die Hälfte der Juden in den Vereinigten Staaten niemals etwas für Israel gegeben hat), aber durch die andauernde Krisensituation in Israel wird es nötig, daß wir in der Zukunft sogar noch großzügiger reagieren. Bis jetzt haben wir nur wenig Juden

getroffen, die wegen ihrer Beiträge für Israel nicht in den Urlaub fahren konnten oder Anschaffungen verschieben mußten. Aber in der gegenwärtigen Rezession in den Vereinigten Staaten ist es möglich, daß einige Leute bestimmte Luxusartikel opfern müssen, um etwas für Israel geben zu können. Das wird schmerzhaft sein, aber es muß sein. *Zedaka* ist nicht Wohltätigkeit; es ist Gerechtigkeit.

Hilfe für russische Juden

(Diese Ausführungen beziehen sich auf die Zeit vor dem Zusammenbruch und demokratischen Wandel in der Sowjetunion im Jahre 1989.)

Einer der bezeichnendsten jüdischen Charakterzüge ist die Hilfe, die sie anderen Juden in Not zukommen lassen. Dank der Bemühungen von Juden in allen freien Ländern wurden die meisten Juden, die unter sowjetischem Totalitarismus lebten, vor von der Regierung inspirierter antisemitischer Gewalt geschützt, und seit 1970 durften mehr als 200 000 Juden die Sowjetunion verlassen. Wegen der Millionen von Juden, die in der Sowjetunion zurückblieben, muß diese Arbeit fortgesetzt werden.

Es gibt einige unabhängige Gruppen in den Vereinigten Staaten, die für die russischen Juden arbeiten und die bereits außergewöhnlich wichtige Arbeit geleistet haben. Die Pioniergruppe ist die in New York beheimatete *»Student Struggle for Soviet Jewry«* (»Studenten kämpfen für sowjetische Juden«) und ihre Tochtergesellschaft, das »Center for Russian Jewry« (»Zentrum russischer Juden«) [die Adresse beider Organisationen lautet: 200 West 72nd Street, New York, NY 10023] und wird von Jacob Birnbaum und Glenn Richter, zwei modernen Heiligen, geleitet. Obwohl diese Gruppen über einen Etat von unter $ 100 000 verfügen, ist Ihre Hilfe unentbehrlich. Sie organisieren, sofern nötig, Demonstrationen, koordinieren Telefonanrufe nach Rußland, die sowjetische und amerikanische Juden auf dem laufenden halten, organisieren Aktivitäten sowjetischer Juden in den Vereinigten Staaten und sind

die verläßlichste Informationsquelle über die gegenwärtige Lage einzelner Juden in der Sowjetunion.
Eine andere extrem wichtige Gruppe ist die »*Union of Councils for Soviet Jews*« (»Union der Konzile für die sowjetischen Juden«), die überall in den Vereinigten Staaten Zweigstellen hat. Die »Union« arbeitet ebenfalls mit geringen Geldsummen und entwickelt gleichzeitig erfolgreiche Programme, um die Sache sowjetischer Juden bekanntzumachen.
Es ist wichtig, Mitglied einer nationalen jüdischen Organisation zu sein, damit diese sich aktiv an der »*National Conference on Soviet Jewry*« (»Nationalkonferenz für sowjetische Juden« – Adresse: 10 East 40th Street, New York, NY 10017) beteiligen kann, die die Aktivitäten vieler nationaler jüdischer Organisationen für sowjetische Juden koordiniert.
Wenn Sie sich in der Arbeit für sowjetische Juden engagieren wollen, sollten Sie sich an diese Organisationen wenden. Hier folgen einige Vorschläge für Aktivitäten, mit denen man schon vorher beginnen kann:

1. *Politischer Druck:* Unterstützen Sie Kandidaten, die sich um die Belange sowjetischer Juden kümmern; drücken Sie ihre Dankbarkeit gegenüber den Bewegungen aus, die für die Emigration aus der Sowjetunion arbeiten. Schreiben Sie Briefe an Ihre gewählten Abgeordneten, und formulieren Sie Ihr Engagement für die sowjetischen Juden. Wenn Sie es nicht tun, wer dann? Sprechen Sie auch mit nichtjüdischen Freunden über das Thema, und bitten Sie sie um Unterstützung im Kampf für Religionsfreiheit in und freie Emigration aus der Sowjetunion.
2. *Korrespondieren Sie mit Sowjetjuden:* Korrespondenz mit Sowjetjuden ist eine Aktivität sowohl für Einzelpersonen als auch für Gruppen. Von der oben erwähnten Adresse können Sie Adressen von sowjetischen jüdischen *Refuseniks* erhalten. *Refuseniks* sind Menschen, die einen Emigrationsantrag gestellt haben, der aber abgelehnt wurde. Es ist unmöglich, die Bedeutung dieser einfachen Aktivität zu übertreiben. Als ich (J.T.) im Oktober 1973 in Nowosibirsk in Zentralsibirein

war, zeigte mir dort ein Jude, Isaak Poltinnikov, seinen stolzesten Besitz – einhundert Briefe, die er aus fünf Kontinenten und fünfzehn Staaten der USA erhalten hatte. Zu dieser Zeit war Dr. Poltinnikov bereits die vergangenen drei Jahre arbeitslos gewesen, da er und seine Familie Ausreisevisa beantragt hatten. Er, seine Frau Irma und ihre Tochter Victoria waren schrecklichen Belästigungen und Druck ausgesetzt.[101] Die Korrespondenz versicherte ihm – und, sehr wichtig, auch anderen Juden, die ihn kannten und erwogen, ebenfalls einen Antrag auf ein Ausreisevisum zu stellen –, daß es in Übersee Menschen gab, die ihn liebten und die alles, was sie konnten, für ihn taten, obwohl er in der UdSSR verachtet wurde.

Außer daß diese Post aus dem Ausland die russischen Juden moralisch aufzurichten vermag, sorgt sie auch dafür, daß ein *Refusenik* international bekannt wird und daß jede Belästigung an die Öffentlichkeit kommt. Solche Publizität rettet Leben.

3. *Adoptieren Sie eine Familie.* Um eine jüdische sowjetische Familie zu adoptieren, geht man schrittweise vor. Wenden Sie sich zunächst an die oben erwähnten Organisationen für russische Juden, um den Namen einer hilfsbedürftigen Familie zu erhalten. Sie werden darüber informiert werden, wie Sie Briefe schreiben und Pakete senden können, ob es klug ist, die Familie anzurufen, und welchen politischen Druck Sie für die Familie ausüben können. Solche Arbeit versorgt hilfsbedürftige Menschen mit physischer und psychologischer Hilfe, und die Beziehung, die dadurch entsteht, kann ein Leben lang fortgesetzt werden. Sollte es diesen sowjetischen Juden gelingen, nach Israel oder in die Vereinigten Staaten zu emigrieren, können Sie leicht in Verbindung mit ihnen bleiben.

   Weil die Adoption einer Familie viel Geld und Mühe erfordert, ist das eine Aktivität, die besonders für Gruppen, für Männer- und Frauengruppen, Clubs, Jugendgruppen und dergleichen geeignet ist.

4. *Organisieren Sie Demonstrationen.* Vor einigen Jahren hörte man einen sowjetischen Regierungsbeamten vor den Vereinten

Nationen argumentieren: »Warum sollten wir unsere Politik gegenüber den russischen Juden ändern? Wir haben diese Politik schon über fünfzig Jahre gefördert, während sie [die amerikanischen und internationalen Juden] nur ein paar Jahre demonstriert haben. Und wir werden es immer noch tun, auch wenn ihre Demonstrationen lange wieder aufgehört haben.«
Die Aufgabe des Weltjudentums ist es, die Sowjets davon zu überzeugen, daß unsere Demonstrationen solange fortgesetzt werden, wie Juden gewaltsam in einem Land, das sie verlassen wollen, festgehalten werden. Immer, wenn sich sowjetische Repräsentanten treffen, müssen Juden da sein, die sie daran erinnern, daß wir ihre Opfer nicht vergessen haben. Das trifft sowohl für sowjetische Künstler als auch für sowjetische Politiker zu. Sollte z. B. das Bolschoitheater ein Land besuchen, in dem die Juden frei sind, sollte es mit Flugblättern und anderen Formen des Protests begrüßt werden. Wir haben nichts gegen diese Künstler oder gegen ihre Kunst. Aber die Sowjets halten Kunst nicht für einen Wert an sich; und wenn diese Künstler nach Hause zurückkehren, analysiert die Sowjetregierung die politischen Auswirkungen ihrer Reise. Wenn in jeder Stadt, die die Künstler besuchen, Leute protestieren, können die Sowjets so davon überzeugt werden – wie in den letzten Jahren tatsächlich geschehen –, daß es politisch gesehen Wert hat, den sowjetischen Juden Ausreiseerlaubnisse zu erteilen und politische Gefangene, die lange Gefängnisstrafen für nichtexistierende Verbrechen absitzen, wie Anatoli Scharanski, freizulassen. Deshalb müssen die Proteste fortgesetzt werden, obwohl schon mehr als 200 000 Juden ausgereist sind. Wenn unsere Aktivitäten für die russischen Juden aufhören, ist es so gut wie sicher, daß die Sowjets keine Emigration mehr erlauben werden, und die Situation der Ausreisewilligen wird schlechter werden als zu Beginn der Protestbewegung Mitte der sechziger Jahre.
Man muß sich darüber klar werden, daß die Teilnahme an den Demonstrationen für die ganze jüdische Gemeinde wichtig ist, nicht nur für Kinder. Die beiden Juden, die im Dezember 1970 in Leningrad zum Tode verurteilt wurden, wären ohne

Demonstrationen und Proteste ermordet worden. Demonstrieren und Protestieren hilft. Ohne Protestaktionen wären Sylva Zalmanson und ihr Mann Edward Kuznetsov nicht in Israel, sondern in einem Gefängnislager oder sogar tot, und Zehntausende ausgewanderter Juden wären noch in der Sowjetunion. Demonstrationen dienen einem wichtigen politischen Zweck.

5. *Helfen Sie ausgewanderten sowjetischen Juden.* Unsere Verantwortung für sowjetische Juden hört nicht auf, wenn sie die Sowjetunion verlassen haben. Diese Menschen waren über sechzig Jahre vom Judentum getrennt. Die jüdische Gemeinde muß ihnen helfen, sich ins jüdische Leben einzugliedern. Wir müssen Stipendien für ihre Kinder bereitstellen, damit sie jüdische Schulen besuchen können; wir müssen die sowjetischen Juden ermutigen, in die Synagoge zu gehen und am Leben der Gemeinde teilzunehmen; wir müssen ihnen unsere Türen öffnen, am Schabbat, an Feiertagen und das ganze Jahr über.
6. *Symbolische Praktiken.* Ein chassidischer Rabbi hat einmal gesagt, genauso wie eine Torahrolle ungültig wird, wenn nur ein Buchstabe fehlt, wird auch die ganze Gemeinde ungültig, wenn ein Jude fehlt. Solange noch drei Millionen Juden aus der gesamten jüdischen Weltgemeinde fehlen, müssen wir dieses Thema bei allen passenden Gelegenheiten anschneiden, so z. B. während der Pesach-Seder-Feier der Freiheit. Wir müssen immer daran denken, daß nur fünfunddreißig Jahre, nachdem ein Drittel des jüdischen Volkes ausgelöscht wurde, ein weiteres Fünftel zu verschwinden droht.

Lashon Ha-Rah (Klatsch und Verleumdung)

Der Chafetz Chaim, ein großer litauischer jüdischer Gelehrter des neunzehnten und zwanzigsten Jahrhunderts und Führer des osteuropäischen Judentums, pflegte von den Rabbinern, die er ordinierte, das Versprechen einzufordern, daß sie Klatsch und Verleumdung genauso meiden würden wie Schweinefleisch.

– Dov Katz, *Tenuat Ha-Musar*

Eine chassidische Geschichte erzählt von einem Mann, der den Rabbi seiner Gemeinde verleumdete. Eines Tages fühlte dieser Mann Reue, bat den Rabbi um Vergebung und zeigte sich bereit, jede Buße auf sich zu nehmen, um alles wiedergutzumachen. Der Rabbi sagte ihm, er solle ein paar Federkissen nehmen, sie aufschneiden und die Federn in die Winde zerstreuen. Der Mann tat das und kehrte zum Rabbi zurück, um ihm zu sagen, daß er seinen Wunsch erfüllt habe. Darauf der Rabbi: »Nun geh hin und sammle alle Federn wieder ein. Obwohl du ernsthaft bereust und das Böse, das du getan hast, wirklich wiedergutmachen willst, ist es genauso unmöglich, den Schaden zu reparieren, den du mit deinen Worten gemacht hast, wie es unmöglich ist, alle Federn wieder einzusammeln.«[102]

Wie die Geschichte zeigt, verursacht Klatsch nicht wiedergutzumachenden Schaden. Er kann Leben zerstören. Trotz ihrer schrecklichen Auswirkungen ist *lashon ha-rah* eine Untat, die fast jeder jeden Tag begeht.

3 Mose 19,16 befiehlt: »Du sollst nicht als Verleumder unter deinem Volk umhergehen.« Das Wort für Verleumder stimmt im Hebräischen mit dem Wort für Hausierer überein, das heißt, wie ein Hausierer von Haus zu Haus geht, bei dem einen kauft und dem nächsten verkauft, so geht auch derjenige, der klatscht, von Tür zu Tür. Einer, der klatscht, hat eine Hausierermentalität. Wenn wir jemandem etwas wirklich Intimes oder sehr Negatives über einen Dritten erzählen (etwas, das uns vielleicht im Vertrauen erzählt wurde), erwarten wir etwas gleichermaßen Intimes über diese Person oder jemand anders zurück. Wir hausieren mit einer Vertraulichkeit für eine andere.

Vor hundert Jahren schrieb ein großer rabbinischer Gelehrter, der Chafetz Chaim, ein *zweihundertseitiges* Buch, das sich auf jüdische Quellentexte gründet und detailliert die jüdischen Gesetze über erlaubte und verbotene Gespräche beschreibt. Über dieses Werk sagt Norman Lamm, Präsident der Yeshiva-Universität: »Das ist keine Aufzählung von Verletzungen [des Gesetzes], die die legale Virtuosität des Autors zeigen oder den frommen Leser beeindrucken soll. Das [Buch] ist ein kühner Akt, der eine allgemein akzeptierte soziale Gepflogenheit entblößt, um die Enormität des Bösen, die dadurch entsteht, und deren furchtbare Konsequenzen zu zeigen.«[103]

Klatsch hat eine süchtigmachende Qualität, die das Aufhören sehr schwer macht. Aber der Schaden, der durch Klatsch und Verleumdung entsteht, wie z. B. die Zerstörung des guten Namens, des guten Rufes, des Auskommens, von Freundschaften und Familien, macht es unbedingt erforderlich, daß jemand, der ein besserer Mensch, geschweige denn ein besserer Jude, werden will, versuchen muß, *lashon ha-rah* zu bezwingen.

Erstens müssen Sie davon überzeugt sein, daß Klatsch nicht gut ist. Wenn Sie beschlossen haben, den Klatsch zu bekämpfen, helfen Ihnen vielleicht folgende Vorschläge:

1. Unterhalten Sie sich mehr über Ideen als über Einzelheiten im Leben anderer Menschen.
2. Manchmal *ist* es wichtig, über eine negative Eigenschaft eines Menschen zu sprechen, wie zum Beispiel in einem Empfehlungsschreiben. Aber vermeiden Sie, so etwas sonst zu tun. Die allgemeine Regel ist: Geben Sie keine negative Information über jemand anders weiter, wenn es nicht unbedingt erforderlich ist, daß jemand diese Information erhält.
3. Da die Versuchung groß ist, über das Leben anderer zu sprechen, und weil es schwierig ist, ganz damit aufzuhören, begrenzen Sie den Klatsch auf einen intimen Freund (z. B. Ihren Ehepartner) und beenden Sie ihn da.
4. Vermeiden Sie es, Ihre Zeit mit klatschsüchtigen Leuten zu verbringen. Wählen Sie die Gesellschaft von Menschen mit besserem Geschmack, oder, wenn Sie klatschende Menschen

nicht meiden können, versuchen Sie, das Thema zu wechseln. Wenn nötig, sagen Sie, warum Sie das tun. Seien Sie nicht beleidigend, aber wenn es sich nicht vermeiden läßt, müssen Sie es sein. Es ist besser, klatschsüchtige Menschen zu beleidigen, als sich mit ihnen zu verschwören und Leute zu zerstören, deren privates Leben man öffentlich seziert. Aller Wahrscheinlichkeit nach werden auch Sie bald ein Opfer dieses Klatsches werden.

Wenn Sie feststellen, daß Ihre Freunde für den Großteil ihrer Gespräche auf Klatsch angewiesen sind, werden sie vielleicht die Qualität Ihres Freundeskreises verbessern wollen – sogar um den Preis, daß sich Ihre Freundeszahl verringert. Die effektivste Richtschnur, um Freunde auszuwählen, ist es, Leute zu wählen, durch die wir bessere Menschen werden können.
Wenn Sie sich das nächste Mal dabei erwischen, wie Sie über andere sprechen, erinnern Sie sich an die Weisheit von Israel Salanter, dem großen jüdischen Moralisten und rabbinischen Lehrer des letzten Jahrhunderts. Rabbi Salanter hat gesagt, daß wir gewöhnlich unsere Prioritäten durcheinanderbringen. Normalerweise, so sagte er, sorgen wir uns um unser materielles Wohlergehen und die Seele unseres Nachbarn; stattdessen sollten wir uns jedoch um das materielle Wohlergehen unseres Nachbarn und unsere eigene Seele sorgen.

Segnungen, Gebete und Tefillin

»Segnungen wurden von den Rabbis als ein Mittel eingesetzt, um den Menschen zu jeder Zeit auf die Gegenwart Gottes einzuschwören und so für einen dauernden Kontakt mit dem Schöpfer zu sorgen.«[104] Abraham Heschel hat gesagt, daß wir beim Trinken eines Glases Wasser »uns erinnern an die ewige Mystik der Schöpfung, das ›Gepriesen seist Du (...)‹, durch dessen Wort alles geschaffen wurde.« Ein trivialer Akt, aber eine Ehrerbietung gegenüber dem höchsten Wunder. Wenn wir Brot oder Früchte essen wollen, einen angenehmen Geruch genießen oder ein Glas Wein, (...) wenn wir blühende Bäume sehen; wenn wir einen Torah- oder einen säkularen Gelehrten treffen, wird uns gelehrt, Seinen großen Namen anzurufen und sich auf unser Bewußtsein von Ihm zu berufen. (...) Das ist eines der Ziele der jüdischen Lebensweise: die versteckte Liebe und Weisheit in allen Dingen zu fühlen.« [105]

Für jeden Juden, der sich daran gewöhnt, die *Brachot* (Segnungen) zu rezitieren, ihr Geheimnis und ihre Großartigkeit erfährt, hat das Daseins einen fortgesetzten Sinn, eine andauernde Bestätigung, nämlich daß wir die Welt nicht besitzen, sondern nur als ihre Hüter dienen, und sie sorgen für ein fortwährendes Bewußtsein darüber, daß andere solche Segnungen nicht erfahren. Segnungen versichern dem Individuum, daß die Religion immer eine aktive Macht in seinem Leben behält und nicht nur an ausgewählten Feiertagen eine Rolle spielt.

Am leichtesten findet man *Brachot* und Gebete im *Siddur* (Gebetsbuch). Das *Siddur* ist eine Art Mini-Enzyklopädie des jüdischen Lebens. Wie Hayim Donin geschrieben hat: »Das *Siddur* ist Studium und gleichzeitig Gebet. Es enthält moralische Unterweisungen, ethische Anleitungen und auch Bitten für persönliche Bedürfnisse. Es unterstreicht sowohl *die Pflichten des Menschen als auch seine Rechte.*«[106]

Beginnen Sie das Mahl mit der *Hamotzi* – der Segnung über das Brot: »Gepriesen seist Du, Ewiger, unser Gott, König der Welt, der Brot aus der Erde hervorbringt.« Versuchen Sie die *Birkat Hamazon* (Danksagung nach dem Essen) zu lernen, und gewöhnen Sie sich daran, wenigstens einige der anderen Segnungen zu sprechen. (Es gibt z. B. Segnungen, die beim Anziehen neuer Kleider rezitiert werden oder wenn man einen großen jüdischen oder nichtjüdischen Gelehrten erblickt oder wenn man die Wunder der Natur schaut.) Obwohl es erlaubt ist, *Brachot* und Gebete in jeder Sprache zu sagen, ist es eine viel befriedigendere und bedeutungsvollere Erfahrung, das *Siddur* im ursprünglichen Hebräisch zu kennen.

Entwickeln Sie die Gewohnheit, den Tag mit einem Gebet zu beginnen. Wie wir in Frage zwei herausgestellt haben, bedeutet *lehitpallel* (beten) wörtlich: »sich selbst zu beurteilen«, und was ist besser, als den Tag mit ein paar Minuten Selbstbeurteilung und Innenschau zu beginnen? Ein integraler Teil des Morgengebets (im Hebräischen bekannt als *Schacharit*) ist für die Juden das Anlegen der *Tefillin* (der ledernen Gebetsriemen und der Behälter, die auf Pergament geschriebene Auszüge aus der Torah enthalten, an Herz und Kopf). Wer *Tefillin* anlegt, gibt dem Tag eine spirituelle Dimension. Der große Bildhauer Jacques Lipchitz, ein nichtpraktizierender Jude, bekam spät in seinem Leben vom Lubavitscher Rebbe den Rat, *Tefillin* anzulegen. Lipchitz beschrieb die Wirkung dieses religiösen Rituals folgendermaßen: »Ich *daven* (bete) jeden Morgen. Es hilft mir sehr. Erstens werde ich dadurch mit meinem ganzen Volk vereinigt. Ich bin bei ihm. Und ich bin nahe bei Gott, dem Allmächtigen, ich spreche mit Ihm. Ich kann keine individuellen Gebete sprechen, aber ich spreche zu Ihm. Er gibt mir die Kraft für den Tag ... Ich könnte nicht mehr ohne leben.«[107]

Zedaka

»In Gottes Schöpfung hat alles einen Zweck«, erzählte einst ein chassidischer Rebbe seinen Schülern. »Wenn das so ist«, fragte ein Schüler, »was ist dann der Zweck der Ketzerei, die Gottes Existenz verleugnet?« »Apikorsus (Ketzerei) ist in der Tat sinnvoll«, antwortete der Rebbe, »denn wenn du jemand in Not vorfindest, sollst du dir vorstellen, daß es keinen helfenden Gott gibt, sondern daß du allein die Bedürfnisse dieses Menschen stillen kannst.«

Zedaka, oft ungenau mit »Wohltätigkeit« (*charity* im Englischen) übersetzt, bedeutet »erbarmende Gerechtigkeit«. *Zedaka* ist die feminine Form, die maskuline lautet *Zedek,* was »Gerechtigkeit« heißt. Es ist deshalb seinem englischen Pendant (*charity)* ziemlich unähnlich, was eine großzügige Tat über die Pflicht hinaus bedeutet. Wenn jemand nichts für wohltätige Zwecke gibt, wird er schlimmstenfalls als egoistisch betrachtet. Im Judentum jedoch ist *Zedaka* ein Akt der Gerechtigkeit und damit sehr wohl eine Pflicht. Ein Jude, der nichts für *Zedaka* gibt, hat einen Akt der Ungerechtigkeit begangen.

Die Torah hat *Zedaka* vor über dreitausend Jahren zum Gesetz erhoben. Sie verfügte, daß in jedem siebten Jahr alle Leute gleichen Zugang zum Land haben; der Besitzer des Landes konnte dann nicht alle Erträge für sich selbst verwenden, und es war ihm sogar verboten, die Entscheidung zu treffen, welche Armen (wie etwa Verwandte oder Freunde) diese Erträge empfangen dürfen (3 Mose 25,1–7). Sie verfügte außerdem, daß man jedes dritte Jahr ein Zehntel seines Einkommens für die Armen beiseitelegen soll, und für die Ernte der beiden anderen Jahre galt: ». . . sollst du die Ecken deines Feldes nicht vollends abmähen, und die Nachlese deines Schnittes sollst du nicht auflesen. Und in deinem Weinberg sollst du keine Nachlese halten und den Abfall deines Weinbergs nicht auflesen; dem Armen und dem Fremdling sollst du sie überlassen (...)« (3 Mose, 19,9–10).
Nicht nur die Humanität der Bibel, auch das Ausmaß, in welchem das Judentum den Menschen Güte befiehlt, kann nicht hoch genug geschätzt werden. Es hängt nicht von unserem milden Herzen ab, zu bestimmen, wieviel wir für »Wohltätigkeit« spenden. Der Jude wird vom jüdischen Gesetz verpflichtet, ein Zehntel seines Nettoeinkommens für Wohltätigkeit zu geben. Diejenigen Individuen, die sich das nicht leisten können, sollten versuchen, so nah wie möglich an die zehn Prozent heranzukommen. Darüber hinaus ist jeder verpflichtet, auch einen erheblichen Zeitaufwand guten Zwecken zu widmen.

(Vergleiche auch Anhang, wo Beispiele der systematischen Ethik des Judentums zur *Zedaka* aufgelistet werden).

Die jüdische Schule

Eine jüdische Erziehung ist moralisch und jüdisch gesehen unentbehrlich. Nur eine gründliche jüdische Erziehung kann junge Juden darauf vorbereiten, ein durch jüdische moralische Werte bestimmtes Leben zu führen. Wir leben in einer vollständig offenen Gesellschaft, die uns alles bietet, von ungezügelter Maßlosigkeit bis zu selbstunterdrückerischen Kulten. Warum sollten

sich junge Leute entscheiden, nach jüdischen Werten zu leben, wenn sie diese niemals kennengelernt haben?
Das Judentum ist kein »Glaube«, in dem es ausreicht, zu glauben; es kommt auch nicht darauf an, sich jüdisch zu »fühlen«, so wichtig das auch sein mag. Das Judentum setzt sich aus seinem eigenen Volk mit der einzigartigen jüdischen Geschichte und Sprache, mit eigenen Feiertagen und seiner eigenen moralischen religiösen Weltanschauung und Lebensweise zusammen. Junge Juden müssen das lernen, oder sie werden mit einer Identität aufwachsen, die sie nicht leben und noch weniger verstehen. *Ein Jude, der unkundig in Sachen Judentum aufwächst, weiß, daß er anders ist, aber er weiß nicht warum.*
Der offensichtlichste Grund für eine nachdrückliche jüdische Erziehung ist, daß sie dazu beiträgt, aus jüdischen Kindern jüdische Erwachsene werden zu lassen. Wenn jungen Juden nicht beigebracht wird, warum sie Juden sein sollten, werden sie keinen Grund haben, Juden zu bleiben. Das ist genau der Grund, warum Hunderttausende von jungen Juden sich dafür entschieden haben, sich leise aus dem jüdischen Volk zu entfernen. Wenn es keinen Grund gibt, anders zu sein, gibt es genug Grund, nicht anders zu sein.
Es gibt nur eine Institution, die jüdische Fächer ebenso ernst wie nicht-jüdische Fächer lehren kann, die den jungen Juden eine erfreuliche jüdische Lebenserfahrung vermitteln kann, die ihnen nahebringt, daß ihre Eltern wirklich glauben, daß jüdisch zu sein ebenso wichtig wie alles andere ist, und die die Lehre der Geschichte des jüdischen Volkes genauso wichtig wie die Lehren der *Pilgrims* [die ersten Einwanderer in die USA] nimmt. Diese Institution ist die jüdische Schule.
Nur in einer jüdischen Schule kann ein junger Jude lernen, was es heißt, als Jude zu leben. Fünftklässler in den jüdischen Schulen sprechen zumeist besser Hebräisch und wissen mehr über das Judentum als Zehntklässler in den meisten Konfirmationsklassen der Synagogen. In einer jüdischen Schule ist Moses genauso wichtig wie Washington. Aber das Wichtigste ist, daß ein Kind, das in eine jüdische Schule geht, die Möglichkeit hat, eine gesunde jüdische Identität aufzubauen. Seine oder ihre Freunde

machen dieselben jüdischen Erfahrungen. Er ist nicht der Außenseiter, der am Freitagabend Schabbatmahlzeiten statt Parties oder Basketballspiele hat; ein Student der jüdischen Schule beklagt nicht den Verlust von Weihnachten – er und seine Klassenkameraden feiern sowohl einen Hauptfeiertag pro Woche (Schabbat) als auch das ganze Jahr über viele andere jüdische Feiertage.
Es gibt offensichtlich gewichtige Gründe für die jüdische Schule, sie müssen nicht ausführlich dargestellt werden. Es gibt jedoch eine Anzahl häufig gehörter Einwände gegen solche Schulen, die angesprochen werden müssen.
Der häufigste Einwand ist, daß eine jüdische Schule ihren Schülern den späteren Umgang mit Nichtjuden erschwert. Als Abgänger von einer jüdischen Schule wissen wir, daß diese Behauptung unwahr ist. Zum Beispiel sind Abgänger jüdischer High Schools bemerkenswert erfolgreich im College. Die Furcht, ein jüdischer Schulabgänger könne unfähig sein, effektiv mit Nichtjuden umzugehen, ist grundlos, solange wir von gewissen ultraorthodoxen *Yeshivas* absehen. Das Gegenteil mag tatsächlich der Fall sein. Da es ein Abgänger einer jüdischen Schule gelernt hat, seine jüdische Identität zu verstehen und zu leben, kann er oder sie vielleicht zu Nichtjuden in eine gesündere, ehrlichere Beziehung treten als die meisten amerikanischen Juden heutzutage. Der Abgänger einer jüdischen Schule kann sich Nichtjuden gegenüber als wissender praktizierender Jude verhalten, nicht wie die meisten amerikanischen Juden, die sich jüdisch fühlen, aber nicht wissen, wie man jüdisch lebt.
Ein zweiter Einwand gegen jüdische Schulen resultiert aus der Debatte »Provinzialismus versus Universalismus«: Wir sollten unsere Kinder zu Universalisten erziehen, die sich mit allen Kulturen auseinandersetzen, anstatt sie in jüdischen Schulen zu isolieren. Diese Vorstellung verrät ein Mißverständnis des universalen Ideals. Wenn man ein jüdisches Kind mit der Kenntnis vieler Kulturen aufwachsen läßt, ohne die eigene gründlich zu kennen, trägt man nur dazu bei, einen wurzellosen Menschen zu bilden und keinen Universalisten. Ein Jude muß natürlich universale Interessen haben, aber er muß sich erst

selber kennen, bevor er jemals als Jude einen Beitrag zur Menschheit leisten kann.

Ein anderer Einwand vieler Eltern ist es, daß die Erziehung in einer jüdischen Schule zu teuer ist. Sie haben recht (obwohl fast alle diese Schulen Stipendien anbieten). Jüdische Föderationen müssen jüdischen Schulen helfen, und unser gesamtes jüdisches philanthropisches Engagement muß neu überprüft werden. Wenn amerikanische Juden überleben wollen, muß der Bau jüdischer Grundschulen und High Schools Priorität haben, und es müssen die talentiertesten jungen Leute als jüdische Erzieher eingestellt werden.

Nichtsdestoweniger müssen Eltern, bis solche Hilfe zur Verfügung steht, ihre Prioritäten sorgfältig abwägen. Sie müssen entscheiden, ob die finanziellen Kosten einer Erziehung in einer jüdischen Schule niedriger oder höher sind als Kosten, die das Kind verursacht, wenn es nicht zu einer jüdischen Schule geht. Die Eltern entscheiden also mit, was für ein Erwachsener und Jude aus ihrem Kind wird.

Zum Schluß bringen wir noch einen Einwand, der wahrscheinlich der stärkste ist, obwohl er am wenigstens zugegeben wird. Viele Eltern fürchten, daß ihre Kinder »zu jüdisch« werden, wenn sie in einer jüdischen Schule erzogen werden. Wenn sie mit »zu jüdisch« viel jüdisches Wissen meinen und deshalb eine vermehrte jüdische Aktivität fürchten, richtet sich ihr Einwand nicht gegen jüdische Schulen, sondern gegen vermehrtes jüdisches Wissen und Engagement. In solchen Fällen verstecken die Argumente gegen jüdische Schulen nur das wirkliche Problem: Viele Eltern halten einfach das Judentum allgemein und das Judentum ihres Kindes für nicht so wichtig.

Wenn jedoch negativ eingestellte Eltern dazu bereit sind, ihre Haltung neu zu überdenken, gibt es, wie wir gezeigt haben, guten Grund, eine jüdische Schule zu besuchen. Man kann sich für viele verschiedene Typen jüdischer Schulen entscheiden: Reformschulen, konservative oder orthodoxe Schulen aller Spielarten, Gemeindeschulen und nicht konfessionsgebundene Schulen. Außerdem werden wahrscheinlich nicht praktizierende Eltern wegen einer jüdischen Schule damit beginnen, ihren Kindern

jüdische Texte und Lieder mitzuteilen und Schabbatmahlzeiten mit ihnen einzunehmen – Dinge, die die Familie unvergleichlich vereinigen.
Wir müssen unsere Kinder durch das Judentum Güte lehren, und weil die Familie das Schlüsselelement ist, um dieses Ziel zu erreichen, brauchen Eltern alle Hilfe, die sie bekommen können. Was Erziehung betrifft, ist es die jüdische Schule, die diese Hilfe anbieten kann.

Abschließende Betrachtungen

In unserer Darstellung der Argumente für ein jüdisches Leben haben wir viele grundlegende Ideen und Ideale des Judentums beschrieben. Um sie leicht rekonstruieren und verwenden zu können, bieten wir die folgende sehr knappe Zusammenfassung mit einigen abschließenden Betrachtungen.
Chasak chasak v'titchasek. – Mögen Sie stärker und stärker werden.

Frage 1 (Gott): Wenn es keinen Gott gibt, hat das Leben letzten Endes keinen Sinn, und es gibt kein Gut und Böse (nur persönliche Meinungen über Gut und Böse). Deshalb hat jeder die Pflicht – und besonders das jüdische Volk, das Gott in das menschliche Bewußtsein gebracht hat –, so zu leben, als ob Gott existiert, und es muß den ethischen Monotheismus verkünden, auch wenn es Zweifel an Gottes Existenz gibt.

Frage 2 (Jüdisches Gesetz): Da die Menschen nicht gut sind, muß Gutsein sowohl definiert als auch gesetzlich festgelegt werden. Deshalb votiert das Judentum für das Gesetz. Die Absicht des jüdischen Gesetzes ist es, gute und letztendlich heilige Menschen hervorzubringen. Ein ernsthafter Jude nimmt das jüdische Gesetz ernst. Zusammen mit dem ethischen Monotheismus ist es die größte Errungenschaft des jüdischen Volkes, und allein der Gehorsam gegenüber dem Gesetz sichert das Überleben der Juden.

Frage 3 (Unethische religiöse Juden und ethisch motivierte nichtreligiöse Menschen): Als praktizierender Jude müssen Sie demjenigen Juden, der Gott und die jüdische Gemeinde lächerlich macht, indem er einige Gesetze des Judentums einhält, während er die ethischen Gesetze verletzt, Ihr Mißfallen über dieses Verhalten mitteilen oder aber ihm wenigstens führende Positionen in der jüdischen Gemeinde verweigern. Die Torah gebietet

uns: »Zurechtweisen sollst du deinen Nächsten [wenn du ihn etwas Falsches tun siehst]« (3.Mose 19,17). Wenn Sie zu einer Synagoge gehören, in der der Rabbi über jüdische Texte liest, drängen Sie ihn, alle Gesetze, die mit Geschäftsethik und ethischem Verhalten zu tun haben, zu lehren und zu besprechen.
Und was ethisch motivierte aber nichtreligiöse Menschen betrifft, so gehen Sie zu ihnen und erklären Sie ihnen, wie das Judentum ihre ethischen Ziele mit einem einzigartigen effektiven Mittel kombiniert, um diese Ethik [auch über Generationen hinweg], zu tradieren. Erklären Sie ihnen die moralische Rolle der Juden in der Geschichte. Je mehr Menschen diese Rolle leben, desto größer sind die Erfolgsaussichten.

Frage 4 (Judentum im Vergleich mit Christentum, Marxismus und ethischem Humanismus): Christen, Marxisten und Säkularisten bieten alle ihre Ideologie an, um die Welt zu verbessern. Juden tun das nicht, zu ihrem eigenen Schaden und dem der Welt. Im Gegenteil, die Juden haben versucht, durch Marxismus, Sozialismus, Liberalismus und praktisch jede andere Ideologie, die Welt zu verbessern – nicht aber durch das Judentum. Es ist höchste Zeit für die Juden und das Judentum, die eigene moralische Ideologie und die Wurzeln der anderen [moralischen Ideologien] zu benutzen, um die Welt zu verbessern.

Frage 5 (Jüdische Rolle): Während die Juden Judentum leben müssen, brauchen Nichtjuden das nicht tun. Ziel der Juden ist es nicht, die Welt zum Judentum zu bringen, sondern zum ethischen Monotheismus. Nur wenn die Menschheit eine universale Moral, die sich auf einen universalen Gott gründet, anerkennt, können universaler Friede und universale Liebe je verwirklicht werden. Der Versuch, den Glauben an Gott – Quelle von Gut und Böse – zu zerstören, wie es die Nazis und Kommunisten getan haben, führte und muß auch weiterhin zu weiteren Auschwitz, Gulags und Kambodschas führen.
Der säkulären Welt gegenüber muß das jüdische Volk betonen, daß eine Ethik ohne Gott nicht überlebensfähig ist und Ver-

nunft ohne Gott zu Bösem führt. Und der religiösen Welt muß das jüdische Volk sagen, daß Gott ohne Ethik Götzendienst ist und daß Gott ohne Vernunft zu Bösem führt.

Frage 6 (Anti-Zionismus): Der Versuch, die Legitimität einer Nation zu leugnen, ihr Land zu zerstören, ihre Einwohner zu töten und dann zu leugnen, ein Feind dieses Volkes zu sein, ist ein klassisches Beispiel für eine große Lüge. Anti-Zionisten verleugnen das Existenzrecht der Juden als ein Volk, meinen, daß Juden nur Angehörige einer Religion seien, und planen, Israel und seine Einwohner auszurotten. Sie bestehen jedoch darauf, daß sie nicht antijüdisch sind.
Große Lügen können nur mit großen Wahrheiten bekämpft werden. Deshalb müssen Anti-Zionisten immer wieder als das dargestellt werden, was sie sind: genauso gefährlich für das jüdische Überleben wie alle anderen Antisemiten der Geschichte.

Frage 7 (Holocaust): Der Holocaust ist kein Ausbruch des Irrationalismus, sondern bis zur Perversion getriebener Ausfluß der menschlichen Natur. Nichts kann die Leiden der sechs Millionen Opfer des Holocaust wiedergutmachen. Es können nur Lehren aus dieser Katastrophe gezogen werden; die Welt muß von Antisemitismus befreit werden.

Frage 8 (Mischehe): Nur wenn es für Ihr Leben völlig irrelevant ist, Jude zu sein, wird sich die Ehe mit jemanden, der kein Jude werden will, nicht zu einer Quelle von Spannungen entwickeln oder Sie zwingen, ihr Judentum zu unterdrücken.
Und was Ihre Kinder betrifft, so werden diese ohne eine echte religiöse Tradition aufwachsen und unsicher bezüglich ihrer Identität sein. Das ist nicht fair.
Das jüdische Volk mit seiner einzigartigen Sendung ist eine bedrohte Spezies; wir brauchen Sie und Ihre Kinder.

Anhang

Zedaka: Ein Beispiel für die systematische Ethik des Judentums

Die Zedaka-Gesetze[108]

1. Den Armen Israels *Zedaka* zu geben ist ein positives Gebot, denn es heißt, »(...) öffnen sollst du ihm deine Hand ...« (5 Mose 15,8), und es heißt: ». . . auf daß dein Bruder bei dir lebe.« (3 Mose 25,36). Jemand, der einen Armen um Almosen bitten sieht und seinen Blick abwendet und ihm kein *Zedaka* gibt, übertritt ein Verbot, denn es heißt: »(...) verhärte nicht dein Herz, und verschließe nicht deine Hand vor deinem dürftigen Bruder« (5 Mose 15,7). *Zedaka* ist ein Zeichen der Nachkommenschaft unseres Vaters Abraham, denn es heißt: »Denn ich habe ihn erwählt, auf daß er seinen Kindern gebiete, (...) *Zedaka* zu geben« (1 Mose 19,19).
   Ein Mensch sollte sich zu Herzen nehmen, daß das Leben wie ein sich drehendes Rad ist und daß auch er selbst oder sein Sohn oder sein Enkel in die Lage kommen kann, *Zedaka* annehmen zu müssen. Er sollte deshalb nicht denken: »Warum sollte ich mein Vermögen vermindern, um den Armen zu geben?« Stattdessen sollte er erkennen, daß sein Vermögen nicht sein eigen ist, sondern nur ein anvertrautes Gut, um damit den Willen desjenigen zu tun, der es ihm anvertraut hat (Gott).

2. Jeder ist, soweit er dazu imstande ist, verpflichtet, *Zedaka* zu geben; sogar ein armer Mensch, der von *Zedaka* unterstützt wird: Einem Armen ist es erlaubt, Wohltätigkeit anzunehmen, selbst wenn er eine kleine Summe, die aber zu gering ist, um davon den Lebensunterhalt zu bestreiten, sein eigen nennt. Da er sich aber immerhin erhalten kann, ist er ver-

pflichtet, *Zedaka* von dem zu geben, was er erhält. Auch wenn er nur eine Kleinigkeit geben kann, sollte er sich nicht zurückhalten, denn seine Kleinigkeit wird ihm genauso angerechnet, wie das viele Geld, das ein Reicher gibt. Jeder, jedoch nur derjenige, der genug zum Leben hat, ist verpflichtet, *Zedaka* zu geben, denn Selbsterhaltung steht vor allem anderen.

3. Wieviel soll man einem Armen geben? Soviel wie er braucht, aber nur dem, der im geheimen annimmt. Ihm sollten die Leute seiner Stadt alles geben, was er braucht und wie er es gewöhnt war, bevor er verarmte. Einem Armen, der von Tür zu Tür geht, gibt man eine kleine Gabe, seiner Würde entsprechend. In jeder Stadt sollten einer solchen Person mindestens genügend Brot und Speise für zwei Mahlzeiten und ein Platz zum Schlafen gegeben werden. Man ernähre und bekleide zusammen mit den Armen Israels auch die Armen anderer Völker um des Friedens willen.

4. Wieviel *Zedaka* soll man geben? Im ersten Jahr ein Zehntel des eigenen Kapitals und danach ein Zehntel des Gewinns. Das ist der Mittelweg. Besonders gut erfüllt man das Gebot, wenn man im ersten Jahr ein Fünftel des Kapitals gibt und danach ein Fünftel des Gewinns. Ein Mensch sollte jedoch nicht mehr als ein Fünftel verschenken, um nicht selbst andere Menschen in Anspruch nehmen zu müssen. Aber diese Beschränkung gilt nur für die Tage des Lebens, für die Zeit seines Todes kann ein Mensch bis zu einem Drittel seines Vermögens für *Zedaka* bestimmen.

5. Der Zehnte darf nicht für einen allgemeinen guten Zweck verwendet werden, wie für die Lichter in der Synagoge oder andere fromme Werke, sondern muß den Armen gegeben werden. Wenn man Gelegenheit hat, eine *Mitzah* auszuüben, Gevatter bei einem *Brit* (Beschneidung) zu sein, ein armes Brautpaar unter die *Chuppa* (Traubaldachin) zu führen oder jüdische Bücher für arme Studenten zu kaufen, damit sie

daraus lernen können, kann man das mit dem Zehnten tun. Im Falle der Bücher muß man darauf achten, hineinzuschreiben, daß sie vom Zehntengeld bezahlt wurden, damit sich die Kinder [des Spenders] nach ihm diese Dinge nicht aneignen.

6. Wenn jemand seinen erwachsenen Söhnen oder Töchtern gibt, für deren Unterstützung er nicht mehr verantwortlich ist oder seinem Vater Geschenke macht, den er nicht anders als mit dem für *Zedaka* bestimmten Geld unterstützen kann, sind dies Gaben, die zur *Zedaka* gehören. Ein bedürftiger Verwandter geht den Armen der Stadt voran. Die Armen der Stadt kommen vor den Armen einer anderen Stadt, denn es heißt: »Deinem Bruder, deinem Armen in deinem Land« (5 Mose 15,11). Aber der Vorsteher der Armenkasse (*Zedaka Gabbayim)* muß sich in acht nehmen, daß er nicht seinen Verwandten mehr als anderen Armen gibt.

7. Wer einem Armen *Zedaka* mit böser Miene und zur Erde gewandtem Antlitz gibt, übertritt das Verbot: ». . . dein Herz sei nicht traurig, wenn du gibst« (5 Mose 15,10). Denn er muß ihm mit freundlicher Miene und freudig geben und muß dem armen Mann seine Sympathie ausdrücken, wie Hiob gesagt hat: »Habe ich nicht geweint mit dem, der Probleme hat, und hat meine Seele nicht mit dem Bedürftigen getrauert« (Ijob 30,25). Er sollte ihn trösten denn es heißt: »Das Herz der Witwe machte ich froh« (Ijob 29,13).

8. Es ist verboten, einen Armen mit leerer Hand gehen zu lassen, wenn er um Almosen bittet, selbst wenn man ihm nur eine getrocknete Frucht gibt, denn es heißt: »Daß der Arme nicht beschämt umkehre« (Ps 74,21). Wenn man nichts bei sich hat, was man ihm geben kann, so besänftige man ihn mit Worten. Es ist verboten, einen Armen zu schelten oder seine Stimme schreiend gegen ihn zu erheben, denn sein Herz ist gebrochen und gedemütigt; es heißt: »Ein zerbrochenes und niedergebeugtes Herz, o Gott, verachtest Du nicht« (Ps 51,19). Wehe dem, der einen Armen beschämt. Man sei

stattdessen wie ein Vater zu ihm, erbarmungsvoll und spreche mit sanften Worten, denn es heißt: »Ein Vater war ich den Bedürftigen« (Ijob 29,16).

9. Die höchste Stufe der *Zedaka*, und es gibt keine höhere, ist es, wenn man einen Armen unterstützt, bevor er ganz verarmt ist, indem man ihm eine größere Gabe in würdiger Weise übergibt oder ihm Geld leiht oder mit ihm gemeinsame Geschäfte macht oder ihm einen Handel oder eine Arbeit verschafft, um ihn zu unterstützen, damit er nicht die Hilfe von anderen in Anspruch nehmen muß. Das ist gemeint, wenn geschrieben steht: »Stütze ihn« (3 Mose 25,35), halte ihn fest, daß er nicht falle.

10. Man achte darauf, *Zedaka* so geheim wie möglich zu geben; und wenn man so geben kann, daß man nicht weiß, wem man gibt, und der Empfänger nicht weiß, von wem er bekommt, so ist das sehr gut.

11. Man sollte sich immer davor hüten, *Zedaka* zu nehmen, und sollte sich lieber mühsam durchquälen, als Hilfe von anderen anzunehmen; denn so haben es unsere seligen Weisen geboten: »Mache deinen Schabbat wie einen Wochentag, nur nimm die Menschen nicht in Anspruch.« Sogar ein angesehener Gelehrter, der arm geworden ist, soll lieber ein Handwerk – und wenn es sein muß, sogar ein verachtetes – ergreifen, bevor er Hilfe von anderen annimmt.

12. Wer aber Hilfe annehmen sollte, weil er wegen Krankheit, körperlicher Gebrechen oder wegen seines Alters nicht ohne Unterstützung leben kann, und doch zu stolz ist, dies zu tun, der vergießt sein eigenes Blut und begeht damit eine tödliche Sünde. Er erhält für sein Leiden nichts als Sünde und Vergehen. Aber jemand, der es so lang wie möglich hinauszögert, *Zedaka* anzunehmen – nicht aus Stolz, sondern um nicht der Gemeinde zur Last zu fallen – wird leben und den anderen von Nutzen sein. Von ihm steht geschrieben: »Gesegnet ist der Mann, der auf den Ewigen vertraut« (Jer 17,7).

Anmerkungen

1. Viktor Frankl: . . . trotzdem Ja zum Leben sagen – Ein Psychologe erlebt das Konzentrationslager, München 1977, S. 138.
2. In: Milton Himmelfarb (Hg.) *The condition of Jewish Belief* [Die Voraussetzungen des jüdischen Glaubens] (New York: Macmillan, 1966) S. 179.
3. Das dritte von Maimonides' »Dreizehn Prinzipien des jüdischen Glaubens« ist, daß Gott keine physischen Eigenschaften hat. Siehe auch Dtn 4,12.
4. Zitiert in: Germain Bree, *Camus and Sartre* [Camus und Sartre] (New York. Dell Publishing Co., 1972), S. 15.
5. Amoralität bedeutet natürlich nicht Immoralität, sondern die Abwesenheit von Moral. Deshalb erkennen wir an, daß es gute Atheisten gibt und geben kann. Aber leiten sich ihre Werte von einer säkularen Moral oder von einer seit 3000 Jahren religiös fundierten Moral ab?
6. Nichts des eben Gesagten sollte als Verlassen der Vernunft in Richtung der moralischen oder religiösen Sphäre interpretiert werden. Es ist Vernunft *allein,* Vernunft ohne eine höhere Quelle der Moral, ohne ethischen Monotheismus, die Böses erlaubt oder dazu führt. Aber auch Glaube allein erlaubt oder führt zum Bösen. Vernunft ohne Religion führte zum Kommunismus, und Religion ohne Vernunft zu Kreuzzügen und Gaddafi.
7. Auch wenn der Atheist behauptet, er könne diese Phänomene nicht jetzt erklären, aber eines Tages würden Wissenschaftler für alles eine Antwort liefern, schreibt er doch alles dem Zufall zu, denn er glaubt, daß unpersönliche, willkürliche Kräfte den höchsten Ursprung des Guten, von Freude, Bewußtsein, Intelligenz usw. darstellen. Die Wissenschaft wird uns zweifellos mehr Information zur Verfügung stellen, aber die Wissenschaft beschreibt nur *Prozesse,* und Prozesse haben keinerlei Relevanz bezüglich der Fragen, wer oder was hinter diesen Techniken steht, oder zu welchem Zweck diese Techniken und das Leben im allgemeinen existieren.
8. Milton Steinberg, *Anatomy of Faith* [Anatomie des Glaubens] (New York: Harcourt Brace, 1960), S. 88–96.
9. Mark Twain, *Harpers' Magazine,* September 1899.
10. »Das Judentum leugnete eine zyklische Geschichtsanschauung, die von allen anderen antiken Völkern vertreten wurde, und es bejahte die Idee, daß Geschichte ein bedeutungsvoller Prozeß sei, der zur

stufenweisen Regeneration der Menschheit führt. Das war der Ursprung des weltlichen Glaubens an Fortschritt ...« (Henry Bamford Parkes, *The Divine Order: Western Culture in the Middle Ages and Renaissance* [Die göttliche Ordnung – Westliche Kultur im Mittelalter und in der Renaissance] (New York: Alfred A. Knopf, 1969), S. 14.

11. Die Tatsache betrachtend, daß es Juden waren, die unter den größten Greueltaten der Kirche litten, könnte man annehmen, daß dieses Argument mehr Juden ansprechen würde als andere. Offenbar ist das nicht der Fall; die Tatsache, daß ihre Folterer von Gott sprachen, machte nicht den geringsten Eindruck auf den Glauben der gemarterten Juden. Das scheint nur die Bedeutung der jüdischen Rolle in der Welt zu bestätigen.
12. Heiligkeit, hebräisch: *keduschah,* ist ein Konzept, das mit dem Judentum aufkam und einzigartig unter den Religionen ist. Säkulare Ideologien können den Begriff der Heiligkeit nicht besitzen, denn er übersteigt die materielle Welt – die einzige Wirklichkeit, der der Atheist eine objektive Existenz zugesteht. *Keduschah* bedeutet grundsätzlich die Erhebung des menschlichen Wesens und menschlicher Taten vom Tierhaften zum Göttlichen.
13. Über dieses Thema herrscht verständlicherweise Verwirrung. Sind die Juden ein Volk oder eine Religion? Die Juden waren und sind immer beides. Dies ist einzigartig in der heutigen Welt, aber in der antiken Welt, deren einzig überlebende intakte Kultur das Judentum ist, war es normal für ein Volk, eine besondere Religion nur für sich zu haben. Bis auf den heutigen Tag blieben die Juden ein Volk, das durch seine Religion definiert ist: Sogar nicht-religiöse Juden erkennen an, daß man kein christlicher oder islamischer Jude sein kann, daß man nicht länger Mitglied des jüdischen *Volkes* ist, wenn man Anhänger der christlichen oder islamischen *Religion* wird. Ebenso sind alle Juden davon überzeugt, daß jeder Angehöriger einer anderen Nation nur durch den Übertritt zur jüdischen Religion ein Angehöriger des jüdischen Volkes werden kann. Andererseits ist ein total unreligiöser Jude genauso ein Jude wie der religiöseste, denn die Juden sind auch ein Volk. Dadurch ist ein amerikanischer Jude Angehöriger zweier Nationen, der amerikanischen und der jüdischen –, obwohl sein Land oder Staat die Vereinigten Staaten sind. Versuche von Juden und Nichtjuden, den nationalen oder religiösen Aspekt vom Judentum zu trennen, haben zu Assimilation oder Vernichtung von Juden geführt.

14. In der Tat ist solches Gutsein mehr als »genug«, da das Judentum Nichtjuden nur darauf verpflichtet, die Gesetze, die als »die sieben Gesetze der Kinder Noahs« bekannt sind, zu befolgen (d. h. die Gesetze der Menschheit, da wir alle von Noah abstammen). Seit uralten Zeiten werden diese Gesetze verstanden als Verbot des Götzendienstes, der Gotteslästerung, des Mords, sexueller Sünden (wie Inzest und Ehebruch), des Diebstahls, als Verbot, ein Glied eines lebenden Tiers zu essen und als positives Gebot, ein Rechtssystem zu entwickeln, das die Einhaltung der anderen sechs Gesetze sicherstellt (siehe Sanhedrin 56A).
15. Der Gedanke, rationale Erklärungen für die jüdischen Gesetze zu bieten, ist vielen Juden fremd. Unter den Juden, die die Gesetze befolgen, und auch denen, die sie nicht befolgen, besteht die unglückliche Tendenz, viele jüdische Gesetze als Rituale zu betrachten, die keine in sich selbst rationale oder ethische Bedeutung haben. Auf der einen Seite verkünden viele sehr strenggläubige Juden blinde Befolgung der jüdischen Gesetze und sind gegen jeglichen Versuch, sie zu erklären, da sie befürchten, solche Erklärungen würden die Gesetze auf einen menschlichen statt göttlichen Ursprung zurückführen. Auf der anderen Seite verteidigen viele nicht-praktizierende Juden ihre Nichtbefolgung damit, daß sie viele jüdische Gesetze als Rituale abtun, die keinen rationalen und/oder ethischen Zweck hätten. Obwohl sie gegensätzliche Standpunkte haben, gelingt es diesen beiden Gruppen, die Mehrheit der Juden unwissend zu lassen und sie von dem Aspekt des Judentums, der es einzigartig macht, dem jüdischen Gesetz, zu entfremden. Das ist eine Tragödie, denn wenn man Juden die Gründe für jüdische Gesetze erläutert, beginnen diese, sie zu befolgen. Dieser Unwille, die Bedeutung und den Zweck des jüdischen Gesetzes anzuerkennen, wurde vor 800 Jahren von Moses Maimonides in seinem Meisterwerk, dem *Führer der Verirrten* (3. Teil, 31. Kapitel) angeprangert: »Es gibt eine Gruppe von Leuten, für die es schmerzlich ist, zu akzeptieren, daß es Gründe für die Gesetze gibt; was ihnen am besten gefallen würde, wäre, daß der Intellekt keine Bedeutung für die Gebote und Verbote hätte. Was sie zwingt, so zu fühlen, ist eine Krankheit ihrer Seele, eine Krankheit, die sie nicht in Worte fassen und für die sie keine befriedigende Erklärung liefern können. Denn sie denken, wenn diese Gesetze in diesem Dasein zu gebrauchen und uns aus diesem oder jenem Grund gegeben seien, wäre das so, als wären sie vom Intellekt und Verstand irgendeines intelligenten

Wesens abgeleitet. Wenn es jedoch eine Sache gäbe, für die der Intellekt überhaupt keine Bedeutung hat, und die nicht zu etwas Nützlichem führte, käme sie zweifellos von Gott. Denn das Nachdenken des Menschen würde zu solchen Dingen nicht führen« (S. Pines Übersetzung des *Führers,* Chicago, University of Chicago Press, 1963, S. 523 f.). Dieser Tradition des Maimonides folgend hat der zeitgenössische englisch-jüdische Gelehrte Louis Jacobs geschrieben: »(...) nirgendwo in den gesamten biblischen Aufzeichnungen gibt es die leiseste Andeutung, daß Gott den Menschen willkürliche Gesetze auferlegt, die nur aus dem Grund befolgt werden müssen, weil Gott es so will« (siehe Jacobs Essay, *The Relationship Between Religion and Ethics in Jewish Thought* [Das Verhältnis von Religion und Ethik im jüdischen Denken] in: *Religion and Morality* [Religion und Moral], herausgegeben von Gene Outka und John P. Reeder Jr., New York 1973, S. 156).

16. Diese eingeschränkte Ernährung der Juden ist nicht durch Askese begründet. Das jüdische Gesetz sieht sinnliche und andere Formen des körperlichen Vergnügens als Freude und Geschenk Gottes. Laut Talmud »wird in der Zukunft vom Menschen gefordert werden, Rechenschaft abzulegen für jeden Essensgenuß, den er erlaubterweise hätte genießen können, den er sich aber verweigerte« (Jerusalem Talmud, Ende des Traktates Kiddushin).
17. Wenn die Gesetze der Heiligkeit über die ethischen Gesetze erhoben werden, gibt es Juden, die versuchen, heilig zu sein, bevor sie ethisch handeln. Das ist das Problem nicht-ethischer, scheinbar religiöser Juden (vgl. Frage drei).
18. Diese Idee klingt vielleicht mundgerechter, wenn man sie nicht in den Worten der Torah, sondern in den Worten einer zeitgenössischen, nicht-traditionellen Person formuliert: Norman Mailer. Während Mailers Wahlkampagne für das Amt des Bürgermeisters von New York im Jahr 1969 schlug er eine radikal neue Idee vor: den Supersonntag. An diesem Tag, so Mailer, sollten Verkehr und Transport in der Stadt minimiert werden, Radio und Fernsehen sollten ihre Sendungen einschränken, und es würde Frieden in New York herrschen. Viele dachten, diese Idee sei nur ein weiterer brillanter Auswuchs eines brillanten Hirns. Juden jedoch halten Supersonntage schon dreitausend Jahre ein.
19. Das Ergebnis einer amerikanischen Umfrage vom Anfang der siebziger Jahre war, daß in einem Durchschnittshaushalt die Eheleute nur 27½ Minuten pro Woche mit Diskussionen verbringen, die nicht zu

unmittelbaren Familienproblemen gehören wie z. B., wer das Auto braucht oder wer einkaufen geht.

20. Die Empfängnis eines Kindes am Schabbat fällt nicht unter das Verbot, Natur zu erschaffen oder zu zerstören, denn es ist Schöpfung *in uns.*
21. Die Annahme, daß *Kaschrut* eine Gesundheitsmaßnahme sei, führt zu einer interessanten Frage. Wie erklären diejenigen, die glauben, daß es verboten wurde, Schweine zu essen, um Trichinen zu meiden, daß die Juden späteres ärztliches Wissen über die negativen Auswirkungen des Essens von Schweinefleisch Tausende von Jahren voraussahen?
22. *The Biblical Diet Laws as an Ethical System* [Die biblischen Speisegesetze als ethisches System] *Interpretation,* Juli 1963.
23. Beachten Sie eine Erklärung des Philo, ein jüdischer Philosoph des 1. Jahrhunderts n. d. Ztr., der erklärt: Die Bibel glaubte wahrscheinlich, daß Menschen von dem beeinflußt sind, was sie essen. Die Torah verbietet deshalb den Juden, die Tiere zu essen, die andere Tiere töten und verzehren, so daß wir uns nicht einen Tötungsinstinkt einverleiben. Es ist kein Zufall, daß jedes koschere Tier ein Pflanzenfresser und jedes fleischfressende Tier nicht-koscher ist.
24. *Kaschrut* ist nur ein Teil der jüdischen Ethik, die sich mit der Behandlung von Tieren auseinandersetzt. Unter dem Titel *za'ar ba'aley chayim* (Verhinderung von Grausamkeit an Tieren) hat die Torah vor über dreitausend Jahren verfügt, daß 1. dein Tier, genau wie du, am Schabbat ruhen muß (2 Mose 20,10), 2. »Du sollst nicht mit einem Ochsen und Esel zusammengespannt pflügen« (5 Mose 22,10), denn beide Tiere würden dadurch leiden, da sie nicht über die gleiche Größe und Stärke verfügen; 3. wenn jemand ein Vogelnest findet, darf er nicht die Mutter und die Jungen zusammen töten, sondern muß die Mutter verscheuchen, um ihre Gefühle zu schonen (5 Mose 22,6), denn wie Maimonides geschrieben hat, »ist die Pein der Tiere unter solchen Umständen sehr groß« *(Führer der Verirrten* 3,48); 4. daß dem Ochsen (oder jedem anderen Tier) beim Korntreten kein Maulkorb angelegt werden darf (5 Mose 25,4), so daß das Tier fressen kann, soviel es will, während es auf dem Feld arbeitet. In einer späteren Talmudepoche verboten die Rabbis das Frühstücken, bevor nicht die Tiere gefüttert sind *(Talmud Berakhot* 40a), oder ein Tier zu kaufen, wenn man nicht sicher ist, daß man genug Futter hat, um es zu versorgen.
25. Hühner, die ebenfalls keine Milch produzieren, wurden ursprünglich

nicht als »Fleisch« angesehen; im Talmud selbst steht, daß einer der großen Rabbis des Talmud, Rabbi Yosi Ha-Glili, Huhn mit Milch gegessen hat. Als sich die Tradition jedoch weiterentwickelte, wurden auch Hühner als »Fleisch« betrachtet.

26. In: Himmelfarb, (Hg.), *The Conditions of Jewish Belief* [Die Voraussetzungen des jüdischen Glaubens], S. 100.

27. Neben den wichtigen moralischen und sozialen Ideen, die die Gesetze der *Kaschrut* vermitteln, gibt es noch eine Auswirkung, die bemerkenswert ist –, das ist die Wechselwirkung von *Kaschrut* und sozialer Zusammengehörigkeit innerhalb der jüdischen Gemeinde. Wenn ein Jude, der die Speisegesetze nicht befolgt, oder ein Nichtjude in eine Stadt reist, in der er keine Bekannte hat, bleibt er oft ohne Kontakt mit den Einwohnern. Aber wenn wir, die wir die Kaschrut befolgen, reisen, sorgt dies sofort dafür, daß wir Leute kennenlernen. Gewöhnlich rufen wir den Rabbi an, um zu fragen, wo wir koscheres Essen bekommen können, und meistens hat eine solche Nachfrage eine Einladung zur Folge, entweder im Hause des Rabbis oder im Haus eines Laien, den er vorschlägt. So haben wir es in den USA und in fünf Kontinenten erlebt. Später gehen wir dann zur Synagoge, wo wir andere Juden kennenlernen und uns mit neuen Leuten anfreunden. Da wir Wertsystem und Lebensstil teilen, verstehen wir uns sofort. Ein Jude, der Kaschrut befolgt, ist in einer Stadt, in der es Juden gibt, niemals allein.

28. Elie Wiesel, *One Generation After* (New York: Random House, 1970), S. 189.

29. In diesem Zusammenhang sei angemerkt, daß es noch religiöse Juden gibt, die ihre geschäftlichen Auseinandersetzungen einem rabbinischen Gericht, dem *Bet Din,* zur Rechtssprechung vorlegen. Wenn beide Seiten damit einverstanden sind, das Urteil der drei Rabbis anzunehmen, wird deren Entscheidung sogar in Zivilgerichten aufrechterhalten. Mein Großvater (J. T.), Rabbi Nissen Telushkin, Gott habe ihn selig, sprach in vielen Fällen, in denen es um viele Tausend Dollar ging, als rabbinischer Richter Recht.

30. Für eine Diskussion, warum ein moralisches System ohne Gott nicht funktioniert, siehe Frage eins. Der Niedergang der Moral, der den Niedergang der Religion begleitet, wurde von Will Herberg kraftvoll beschrieben: »Die moralischen Prinzipien westlicher Zivilisation sind faktisch alle von der Tradition abgeleitet worden, die in der Schrift verwurzelt ist, und sie haben lebenswichtige Bedeutung nur im Zusammenhang mit dieser Tradition. Der Versuch, den säkulare

Denker in den letzten Jahrzehnten machten, diese Werte von ihrem religiösen Zusammenhang loszulösen mit der Versicherung, daß sie ihr eigenes Leben nach einer ›humanistischen‹ Ethik leben könnten, resultierte in, was ein Schriftsteller unsere ›Schnittblumenkultur‹ genannt hat. Schnittblumen behalten ihre ursprüngliche Schönheit und ihren Duft nur solange, wie sie das Leben erhalten, das sie aus ihren nun abgetrennten Wurzeln gezogen haben; wenn das erschöpft ist, verdorren sie und sterben. So ist es auch mit Freiheit, Brüderlichkeit, Gerechtigkeit und persönlicher Würde – den Werten, die die Grundlagen unserer Zivilisation bilden. Ohne die lebensspendende Kraft des Glaubens, aus dem sie entsprungen sind, besitzen sie weder Bedeutung noch Lebensfähigkeit. Moral, die nicht in Gott begründet ist, ist wie ein auf Sand gebautes Haus, unfähig impulsiven Launen und brutalem Druck von Macht und Eigeninteresse zu widerstehen« (Will Hilberg, *Judaism and Modern Man* [Das Judentum und der moderne Mensch] New York: Atheneum, 1979, S. 91–92).

31. Auschwitz, der Archipel Gulag und die Roten Khmer in Kambodscha sind logische und wahrscheinlich unvermeidbare Auswüchse des Atheismus. Im Licht des unerhörten Horrors dieses Jahrhunderts, der durch Regierungen geschaffen wurde, die darauf aus waren, Religion zu zerstören, müssen die Atheisten erst einmal beweisen, daß die Moral den Tod der Religion überleben kann.
32. Die Notwendigkeit eines ethischen Systems zeigt die Erfahrung des sowjetischen Physikers und Nobelpreisträgers Andrej Sacharow, der sein Leben dem Kampf für Menschenrechte widmete. Sacharow ist ein außergewöhnlicher Mensch, dessen Gutsein als »natürlich« charakterisiert werden kann und nicht durch irgendein Moralsystem verursacht wurde. Weil er jedoch kein solches Moralsystem hatte, war Sacharow offenbar nicht dazu in der Lage, diese Moral seinen Kindern zu übermitteln, die alle den sowjetischen Polizeistaat unterstützen, der ihren Vater unterdrückt.
33. Die Frage, ob Jesus der in der Bibel prophezeite Messias war oder nicht – das Thema der meisten Vergleiche zwischen Judentum und Christentum – wird später diskutiert.
34. Dies ist einer der wenigen zentralen Glaubenssätze des Judentums, der für das gesamte jüdische Spektrum gilt, von den Reformiertesten bis zu den Orthodoxesten. In jeder Synagoge, sei es am Schabbat oder Feiertag, legt der Rabbin in der Predigt nachdrücklich Wert auf die Taten. Die Art der Taten mag verschieden sein: in der Reform-

synagoge wird mehr Nachdruck auf soziale Aktionen gelegt werden, und in der orthodoxen Synagoge wird man auf die richtige Einhaltung der Schabbatgesetze pochen, obwohl es auch andersherum sein kann. Aber es ist undenkbar, daß ein Rabbi eine Predigt über die Erlösung allein durch Glauben halten würde, ein häufiges Thema christlicher Predigten.

35. Die Absicht des Gesetzes ist natürlich die universale Anerkennung der Herrschaft Gottes – ein Ziel, von dem weder Christentum noch Judentum glauben, es sei bereits verwirklicht.

36. Jeder, der des Hebräischen mächtig ist, wird die Mißübersetzung sofort erkennen. Aber man muß nicht Hebräisch können, um den Irrtum des Paulus zu verstehen; eine einfache Lesung von 5 Mose 27,15–26 macht das unter anderem deshalb deutlich, (a) da es nicht nötig wäre, diese elf Gesetze noch einmal aufzulisten, wenn 5 Mose 26,26 sich auf jedes Gesetz in der Torah bezieht, und (b) da die hebräische Bibel den Begriff »Torah« und »diese Torah« in bezug auf eine bestimmte Gruppe von Gesetzen benutzt (für den Term »Torah« siehe 3 Mose 6,2; 6,18; 7,37; 11,46; 13,59; 14,2; 15,32 und 4 Mose 6,21; für den Ausdruck »diese Torah« siehe 5 Mose 1,5; 4,8; 28,61; 31,9,11).

37. Die Vorstellung, von Gott auf ewig verflucht zu sein, führt zu zwei neuen Themen: Hölle und ewige Verdammnis. Dazu muß gesagt werden, daß das Wort Hölle *in der Hebräischen Bibel nie erscheint, und ewige Verdammnis dem Judentum unbekannt ist.* Die Bibel spricht von *Scheol,* ein hebräisches Wort, das mit Hölle mißübersetzt wurde, denn es bedeutet »Grab.« In 1 Mose 37,35 z. B. spricht Jakob davon, ins Scheol, ins Grab zu gehen, ohne Joseph gesehen zu haben. Jakob, der Patriarch, sagte nicht, er würde zur Hölle gehen. Die Vorstellung von einer Hölle, in der Sünder ewig leiden, ist dem Judentum fremd und kam durch das Neue Testament in das religiöse Bewußtsein der Welt.

38. Es gibt zahlreiche andere biblische Passagen, die auf die Möglichkeit von Vergebung und Erlösung ohne Opfer hinweisen, z. B. 3 Mose 26,40 ff.; 5 Mose 4,29–31; Jer 10–20; Ez 22,15.

39. Diese Karikatur Gottes, die aus der paulinischen Karikatur des Gesetzes resultiert, ist die Hauptquelle jenes schädlichen Mythos, der den »rächenden jüdischen Gott des Alten Testaments« mit dem »liebenden christlichen Gott des Neuen Testaments« kontrastiert.

40. Zitiert in: *Encyclopedia of Religion and Ethics IX* [Enzyklopädie der Religion und Ethik], S. 562.

41. Es scheint, daß es Jesus selber schwierig fand, in Streßsituationen diesem Prinzip zu folgen (z. B. Mt 10,32; 25,41), und keiner christlichen Gruppe war es faktisch jemals möglich, dieses Prinzip einzuhalten und als Anleitung des eigenen Verhaltens zu beherzigen. Es ist dies auch kein moralisches Ideal. Eine der wenigen christlichen Gruppen, die das »Biete dem bösen Menschen keinen Widerstand« in ihr alltägliches Leben einbezogen haben, die Zeugen Jehovas, wurden in den Konzentrationslagern als Barbiere der SS-Männer verwendet, die darauf vertrauen konnten, daß die Zeugen Jehovas nichts tun würden, was ihnen oder anderen Nazi-Massenmördern schaden würde (siehe Evelyn Le Chene, *Mauthausen,* Fakenham Norfolk, England 1971, S. 130).
42. Unveröffentlichtes Manuskript.
43. Eliezer Berkovits, *Faith After the Holocaust* [Glaube nach dem Holocaust] (New York: Ktav Publishing).
44. J. C. Fenton, *Gospel of St. Matthew* [Gospel des Heiligen Matthäus] (Baltimore: Westminster, 1963), S. 178.
45. W. C. Davies, *Torah and Dogma – A Comment,* [Torah und Dogma – Ein Kommentar] Harvard Theological Review, April 1968, S. 99.
46. Trude Weiss-Rosmarin, *Judaism and Christianity – The Differences* [Judentum und Christentum – Die Unterschiede] (New York: Jonathan David, 1965), S. 11 f.
47. Edmund Wilson, *To the Finland Station* [Zur Finnland-Station] (Garden City, New York: Anchor Doubleday, 1953), S. 307.
48. Robert Tucker, *Philosophy and Myth in Karl Marx* [Philosophie und Mythos bei Karl Marx] (Cambridge: Cambridge University Press, 1961), S. 22.
49. Ansprache zum Dritten Kongreß der russischen Jungkommunistischen Liga, 2. Oktober 1920.
50. Henry Bamford Parkes, *Marxismus: An Autopsy* [Marxismus – Eine Autopsie] (Chicago: University of Chicago Press, 1939), S. 177.
51. R. N. Carew Hunt, *»Ethics of Marxism«* [Ethik des Marxismus] in: Michael Curtis, (Hg.), *Marxism* [Marxismus] (New York: Atherton, 1970), S. 109–110.
52. Stalin, dieser hitlerartige Massenmörder, ist von der chinesischen kommunistischen Regierung lange Zeit verehrt worden. Sein Konterfei »zierte« den Hauptplatz von Beijing, und es wurden Briefmarken zu seinen Ehren herausgegeben.
53. Die Erschaffung des Menschen »nach dem Bilde Gottes« bedeutet nicht, daß der Mensch grundlegend gut ist. Es bedeutet nur, daß der

Mensch – nicht wie Tiere, sondern wie Gott – um Gut und Böse weiß.

54. Tucker, *Philosophy and Myth in Karl Marx* [Philosophie und Mythos bei Karl Marx], S. 237.
55. *Debatte über die Pressefreiheit,* Rheinische Zeitung, 12. Mai 1842.
56. »Das Wachstum des moralischen Relativismus ist die alarmierendste Tendenz sowohl in der Theorie als auch in der politischen Praxis der modernen Welt. (...) Durch die Interpretation aller kulturellen Phänomene vom Standpunkt des Klassenkampfes aus, durch die Erklärung des Glaubens eines jeden Individuums durch seine Rolle in diesem Kampf, durch das Verkünden, daß jedes Mittel zur Erreichung des Zieles gerechtfertigt sei, und daß das einzige prädestinierte historische Ziel die Eroberung der Macht durch das Proletariat sei, ordnet der Marxismus den Menschen dem Lauf der Geschichte unter und veredelt Willkürherrschaft, Unehrlichkeit, Grausamkeit und Massenmord« (Henry Bamford Parkes, *Marxism: An Autopsy* [Marxismus – Eine Autopsie], S. 177f.
57. *Humanistisches Manifest* II, herausgegeben 1973.
58. *The Humanist* [Der Humanist], November–Dezember 1974.
59. Es war die Vernunft, die Menschen im antiken Griechenland diktierte, kranke Babies zum Sterben auszusetzen. Im zwanzigsten Jahrhundert dachten viele, es sei vernünftig, Faschismus oder Kommunismus zu unterstützen.
60. Max Weinreich, *Hitler's Professors* [Hitlers Professoren] New York: YIVO, 1946.
61. George Watson, *Were the Intellectuals Duped?* [Wurden die Intellektuellen hinters Licht geführt?] Encounter, December 1973.
63. Diese über zweitausend Jahre alten Worte sind im zweiten Abschnitt des *Aleinu*-Gebets enthalten, das von religiösen Juden dreimal täglich rezitiert wird. Siehe auch die Diskussion über dieses Gebet in: Joseph Hertz, *The Authorized Daily Prayer Book* [Das verbindliche tägliche Gebetbuch] (New York: Bloch Publishing Company, 1948), S. 208–211.
64. ». . . die israelitische Religion war eine Originalschöpfung. Sie unterschied sich absolut von allem, was die heidnische Welt kannte; ihre monotheistische Weltanschauung hatte im Heidentum keinen Vorläufer« in: Yehezkel Kaufman, *The Religion of Israel* [Die Religion Israels] (Chicago: University of Chicago Press, 1960), S. 2.

65. *Psychology Today* [Psychologie heute], Februar 1973.
66. William H. McNeill, *The Rise of The West* [Der Aufstieg des Westens] (Chicago: University of Chicago Press, 1963), S. 166.
67. *New York Times,* 30. November 1974.
68. »Die Kenntnis [Mohammeds] vom Judentum ist gründlich und vielseitig. Er lernte seine Lektionen gut; und bei einem eingehenden Vergleich von Koranstellen mit den damals verbreiteten hebräisch-jüdischen Schriften muß man feststellen, daß Mohammeds Lehrer, wer auch immer sie waren, Männer waren, die in der Bibel, im mündlichen Gesetz (Talmud) und in der Aggada bewandert waren.« (Charles C. Torrey, *The Jewish Foundation of Islam* [Die jüdischen Wurzeln des Islam] (New York: Ktav Publishing House, 1968), S. 61.
69. *Psychology Today* [Psychologie heute], Februar 1973.
70. Die mittelalterliche christliche Darstellung der Juden als Teufel ist in Joshua Trachtenbergs Buch *The Devil and the Jews* (Der Teufel und die Juden) dokumentiert (New Haven: Yale University Press 1941). Das Kirchengesetz gegen die Juden war so allumfassend, daß die Nazis es als Modell für ihre antisemitischen Gesetze benutzten. So verfügte die Dritte Synode von Orleans im Jahre 538, daß es Juden erlaubt sei, sich während der Passionswoche in den Straßen zu zeigen; eine Naziverordnung vom 3. Dezember 1938 autorisierte kommunale Behörden, die Juden an gewissen Tagen von den Straßen zu verbannen. Die Trulanische Synode schrieb im Jahre 692 vor, daß es Christen nicht erlaubt sei, sich von jüdischen Ärzten behandeln zu lassen (eine Verfügung, die viele Male von Kirchenfürsten bestätigt wurde); am 25. Juli 1938 verordneten die Nazis dasselbe. Seit der Zwölften Synode von Toledo im Jahre 681 hat die Kirche in mindestens fünfzehn Fällen den Talmud und andere jüdische Bücher verbrannt, eine Praxis, die später in Nazideutschland üblich war. Das Vierte Laterankonzil im Jahre 1215 verfügte im Kanon 68, daß Juden ihre Kleidung mit einem Kennzeichen markieren müssen; am 1. September 1941 verordneten die Nazis dasselbe. Die Synode von Breslau im Jahre 1267 sperrte die jüdische Gemeinde in Zwangsgettos, und seit dem sechzehnten Jahrhundert half die Kirche, die jüdische Gettoisierung in ganz Europa durchzuführen; am 21. September 1939 gab Heydrich eine Naziverordnung heraus, die die Juden in Gettos einschloß. Das Konzil von Basel im Jahr 1434 verfügte in der XIX. Sitzung, daß Juden keine akademische Würden erwerben dürfen; am 25. April 1933 gaben die Nazis das Gesetz gegen Überfüllung deutscher Schulen und Universitäten heraus. Professor Raul Hilberg, der eine Liste dieser Institutionen

zusammenstellte, stellte fest, daß die Deutschen deshalb so effektiv gegen die Juden vorgehen konnten, weil die »deutsche Bürokratie in ein riesiges Reservoir verwaltungsmäßiger Erfahrung hineingreifen konnte, ein Reservoir, welches Kirche und Staat in fünfzehnhundert Jahren zerstörender Tätigkeit gefüllt hatten.« Raul Hilberg, *The Destruction of the European Jews* [Die Zerstörung der Europäischen Juden] (New York: Quadrangle, 1961), S. 1–6.

71. Siehe Abraham Katshs, *Judaism In Islam* [Judentum im Islam] (New York: Ktav Publishim Hourse, 1954 und Herman Publishing, 1980) für eine ausführliche Analyse der jüdischen Grundlage des Korans.
72. Wir sehen, daß jemand theoretisch ein Anti-Zionist sein und trotzdem Israels Existenz als jüdischer Staat unterstützen kann, denn eine Zerstörung wäre moralisch nicht zu verteidigen. Solche Ansichten aber sind extrem selten und eher akademischer Natur und werden in diesem Kapitel nicht diskutiert. Wir beschäftigen uns mit Anti-Zionismus, wie er gängig praktiziert und verstanden wird: als Opposition gegen Israels Existenz als jüdischer Staat.
73. Wir verwenden abwechselnd die Worte »Antisemit« und »Feind der Juden«, denn der Ausdruck »Antisemit« ist nur ein höflicher Ersatz für Anti-Jude. Der Begriff Anti-Semitismus« wurde im Jahre 1879 von Wilhelm Marr, einem antisemitischen Wortführer in Deutschland, geprägt, um die damals wachsende politische Bewegung gegen deutsche Juden zu beschreiben. Der Begriff ist jedoch völlig irreführend, denn Antisemitismus hat mit Semiten nichts zu tun. Das erklärt auch, warum wir Antisemit in einem Wort schreiben. Wir übernahmen die Schreibweise dieses Wortes von James Parkes, dem berühmten christlichen Historiker des Antisemitismus, um nicht das Mißverständnis zu kolportieren, es gäbe eine semitische Einheit, die dem Antisemitismus gegenübersteht.
74. Die Juden waren immer beides, ein Volk und eine Religion, aber Antizionisten leugnen, daß die Juden eine Nation oder ein Volk sind und behaupten, daß diese nur Angehörige einer Religion sind, um so ihre Verneinung des Rechts der Juden auf Israel zu rechtfertigen. Eine typische Verleugnung der jüdischen Nationalität ist eine Aussage aus der Satzung der palästinensischen Befreiungsorganisation (PLO): »Das Judentum ist seinem Charakter nach eine Religion, nicht eine Nationalität mit einer unabhängigen Existenz. Gleichermaßen sind die Juden kein Volk ...« (Artikel 20 des Palästinensischen Nationalverbandes).

75. *American Zionist* [Der amerikanische Zionist], März 1971.
76. Eine der ersten Anweisungen Gottes für Abraham, den ersten Juden, lautet, aufzubrechen und sich in einem Land niederzulassen, das jetzt als Israel bekannt ist (1 Mose 12,1). Moslems, heutzutage die führenden Anti-Zionisten, akzeptieren die jüdische Bibel, behaupten aber, daß die Juden die Bibel entstellt haben, denn in Wirklichkeit sei Abraham ein Moslem gewesen.
77. *»New Left Go Home«* [Neue Linke, geh nach Hause] in: Mordecai S. Chertoff, *The New Left and the Jews* [Die Neue Linke und die Juden] (New York: Potnam, 1971), S. 311.
78. Siehe Norman Podhoretz, *Now, Instant Zionism* [Instant-Zionismus] (New York Times Magazine, 3. Februar 1974), S. 39.
79. Es gibt eine Randgruppe von ein paar Hundert ultra-orthodoxen Juden in Israel, bekannt als die *neturei karta,* die altbekannte Feinde Israels und des Zionismus sind. Auf den ersten Blick mag man annehmen, daß ihre Position mit der der Anti-Zionisten übereinstimmt. Aber das ist nicht der Fall. Diese Juden glauben, daß die Juden ein Volk sind *(Am Yisrael),* und daß es einen jüdischen Staat geben sollte. Sie bestehen jedoch darauf, daß dieser Staat, bevor ihn der Messias persönlich gründen wird, nicht existieren sollte. Da das für Israel nicht gilt, (und da außerdem die Führer des Staates nicht die religiöse Praxis der *neturei karta* befolgen,) erkennen sie den gegenwärtigen Staat Israel nicht an. Die *neturei karta* sind für das Judentum genauso wenig repräsentativ wie irgendeine schlangenbeschwörende Sekte für das Christentum.
80. Wenn man Anti-Zionisten beim Wort nimmt, sind eine Handvoll Nazis die einzigen Antisemiten, die in der Welt übriggeblieben sind. Was unter den Feinden der Juden geschehen ist, ist offenbar nur eine Verschiebung der Theorie. Der Holocaust hat Begriffe wie »Antisemit« unbenutzbar gemacht, wenigstens für eine Zeitlang. Diejenigen, die sich vor Hitler Antisemiten genannt hätten und auch von anderen so genannt worden wären, verwenden jetzt den Begriff Anti-Zionist. Für die Juden sind Bezeichnungen aber Schall und Rauch.
81. Zitiert in: William Korey, *Updating the Protocols* [Aktualisierung der Protokolle], (Midstream, Mai 1970), S. 17.
82. 25. August 1970.
83. Während der Antisemitismus der Linken sich im allgemeinen unter der Maske des Anti-Zionismus versteckt, geben die anti-jüdischen Schriften der faschistischen Rechten gewöhnlich ihre Feindseligkeit

Juden gegenüber zu: Sie betrachten den Zionismus korrekt als eine Manifestation des Judentums. Gerald L. K. Smith, der größte Verbreiter antisemitischer Schriften in den Vereinigten Staaten während der letzten vier Jahrzehnte, schrieb im *Gerald L. K. Smith Newsletter* vom 19. April 1973: »Die Feinde von Christus sind entschlossen, die Welt zu erobern – nicht durch die Vereinten Nationen, nicht durch das, was eine Weltregierung genannt wird, sondern durch die manipulierende, finanzielle und militärische Macht des Weltzionismus.«

84. Zitiert in William Korey, *Updating the Protocols* [Aktualisierung der Protokolle] (Midstream Mai 1976), S. 6.
85. Siehe Seymour Martin Lipsets, *The Socialism of Fools – The Left, The Jews and Israel* [Sozialismus der Narren – Die Linke, die Juden und Israel], in: Mordecai Chertoff, *The New Left and the Jews* [Die neue Linke und die Juden], S. 104.
86. Siehe Sidney Loskofsky, *U.N. Resolution on Zionism* [UN-Resolution zum Zionismus] (Philadelphia: Jewish Publication Society), S. 109.
87. Edward Flannery, *The Anguish of the Jews* [Die Angst der Juden] (Macmillan, New York 1965).
88. Ernest van den Haag, *The Jewish Mystique* [Der jüdische Mystiker] (Stein and Day, New York 1977).
89. Zitiert in: Will Herberg, *Judaism and Modern Men* [Das Judentum und der moderne Mensch] (Jewish Publication Society, Philadelphia 1951 und Atheneum, New York 1970), S. 174.
90. Zitiert in: Lucy Davidowicz, *The War against the Jews* [Der Krieg gegen die Juden], (Holt, Rinehart and Winston, New York 1975), S. 32f.
91. Zitiert aus einer persönlichen Unterhaltung Hermann Rauschniggs mit Hitler in: Armin Robinson (Hg.), *The Ten Commandments* [Die Zehn Gebote], (Simon and Schuster, New York 1944), S. IX–XIII.
92. Das Judentum schätzt ernsthafte Konvertiten sehr, es glaubt z. B., der Messias werde von einer Konvertitin, von Ruth, abstammen. Aber der Übertritt, von dem wir sprechen, muß ein ernsthaftes Engagement für das Judentum sein, nicht eine *pro-forma-Geste* um die schlechten Gefühle besorgter Schwiegereltern zu vermindern. Übertritte, die von dem Konvertiten nicht fordern, ein jüdisches Leben zu führen, widersprechen allem, was das Judentum hochschätzt. Durch solche Übertritte wird das Judentum bedeutungslos gemacht und das jüdische Volk zu einer lediglich ethnischen Gesell-

schaft. Es sollte durch dieses Buch deutlich werden, daß wir begeistert Konvertiten willkommen heißen. Aber ein »Unterschreiben Sie auf der gepunkteten Zeile Ihren Übertritt«, der von einem Konvertiten weiter nichts verlangt, ist kein echter Übertritt zum Judentum. Er ist nur eine betrügerische Lösung für das Problem der Mischehe.

93. M. Waxman, *Rome and Jerusalem* [Rom und Jerusalem] (New York: Bloch Publishing Company 1918).
94. Marshall Skare, *America's Jews* [Juden in Amerika] (New York: Random House, 1971), S. 202.
95. Eugene Borowith, in: Milton Himmelfarb, (Hg.), *The Condition of Jewish Belief* [Die Bedingungen des jüdischen Glaubens] (New York: Maxmillan, 1969), S. 32.
96. Wenn die Familie keine Quelle starker moralischer Erziehung und Orientierung zur Verfügung stellt, wird das Kind seine Werte (oder Unwerte) auf der Straße und aus dem Fernsehen lernen. Wie in Frage sechs diskutiert, mangelt es auch häufig in nicht gemischten Familien an religiöser Erziehung. Aber sobald zwei jüdische Eltern ihren Irrtum erkennen, die Kinder nicht in einem religiösen System zu erziehen, bleibt nur noch ein Hindernis, das sie überwinden müssen: ihre Ignoranz gegenüber dem Judentum. In einer gemischten Familie sind die Hindernisse nur zu offensichtlich.
97. Zitiert nach: C. C. Jung, *Modern Man in Search of a Soul* [Seelenprobleme der Gegenwart] (London: Kegan, Paul, 1933), S. 244.
98. Zalman Schachter in: Milton Himmelfarb, (Hg.), *The Condition of Jewish Belief* [Die Voraussetzungen des jüdischen Glaubens], S. 211.
99. *9½ Mystics* [9½ Mystiker] (New York: Holt, Rinehart and Winston, 1969), S. 257.
100. *New York Magazine,* Dezember 23, 1974.
101. Die Poltinnikov-Geschichte gibt einen lebendigen Eindruck vom Leben sowjetischer Juden, die die Sowjetunion verlassen wollen. Nachdem sie neun Jahre lang auf ein Ausreisevisum nach Israel gewartet hatten, wurde es den Poltinnikovs im Jahr 1979 erlaubt, auszureisen. Aber Irma und Victoria Poltinnikov glaubten, dies sei nur ein KGB-Trick und weigerten sich zu gehen (bei anderen Gelegenheiten hatte der KGB sie verhaftet, sie langen Verhören unterworfen und ihren Hund getötet). Schließlich machte sich Isaak allein auf und sagte ihnen, er würde schreiben, sobald er in Israel angekommen sei. Dann sollten auch sie ausreisen. Als Isaak schließlich aus Israel schrieb, weigerten sich die Sowjets, Irma und

Victoria die Erlaubnis zu erteilen, ihm nachzureisen. Irma starb bald darauf an Unterernährung (sie hatte Angst, das Haus zu verlassen), und Victoria verübte daraufhin Selbstmord.

102. Nacherzählt in: Hayim Donin, *To be a Jew* [Jude sein] (New York: Viking 1974), S. 59.
103. Norman Lamm, Hg., *The Good Society* [Die gute Gesellschaft] (New York: Viking 1974), S. 59.
104. Pinchas Peli, *Blessings – The Gateway to Prayer* [Segnungen – das Tor zum Gebet] (*Tradition,* Herbst 1973), S. 65.
105. Abraham Heschel, *God in Search of Man* [Die Suche des Menschen nach Gott] (New York: Farrar, Strauss und Giroux, 1955), S. 45–50.
106. Hayim Donin, *To Be a Jew* [Jude sein] (New York: Basic Books, 1972), S. 180.
107. *Reconstructionist,* Februar 1974, S. 20.
108. Aus dem *Abridged Shulkhan Arukh* (Verkürzter Schulchan Aruch) des Rabbi Solomon Ganzfried übernommen, übersetzt von George Horowitz in: *The Spirit of Jewish Law* [Der Geist des jüdischen Gesetzes] (New York: Central Publishing Company, 1953), S. 142–46, abgedruckt mit Erlaubnis des Autors.

Nes Ammim –
ein Zeichen gelebter Solidarität mit dem jüdischen Volk

Nes-Ammim-Bücher dienen dem besseren Verständnis des Judentums und Israels. Nes Ammim ist eine christliche Siedlung im Norden Israels, in der Nähe von Nahariya. Der Name dieser Siedlung stammt aus der Bibel und bedeutet »Zeichen für die Völker« (Jes 11,1–12; 49, 22; 62,10). Er beschreibt Sinn und Aufgabe dieser christlichen Siedlung: Sie will für alle Christen und Völker ein Zeichen dafür sein, daß Juden und Christen als Brüder und Schwestern im Glauben an den Einen Gott verbunden sind und deshalb auch so wie Brüder und Schwestern miteinander leben sollen. Nes Ammim ist ein Zeichen gelebter christlicher Solidarität mit dem jüdischen Volk im Land und Staat Israel. Weil die Siedler und Förderer von Nes Ammim in den Juden als Juden »Brüder und Schwestern im Glauben« sehen, lehnen sie die christliche Judenmission radikal ab, und zwar prinzipiell und praktisch.

Die wichtigsten Pioniere von Nes Ammim waren der holländische Christ und Missionsarzt Johan Pilon und der holländische Jude Schlomo Bezek, Mitglied des Kibbuz Ayelet Hashachar. Diese beiden Visionäre christlich-jüdischer Verständigung gewannen in den Jahren 1956–1960 Freunde in Israel, in den Niederlanden, in der Schweiz, in den USA und in der Bundesrepublik Deutschland, die bereit waren, zusammen mit ihnen die christliche Siedlung Nes Ammim in Israel aufzubauen und zu fördern. Aber erst als die Befürchtungen vieler Israelis, Nes Ammim werde zu einem Ort christlicher Missionstätigkeit, von einer Untersuchungskommission des Parlaments zerstreut werden konnten, erhielten sie 1963 von der israelischen Regierung die Erlaubnis, auf dem von einem Drusenscheich gekauften Land die Siedlung Nes Ammim zu errichten.

Nes Ammim ist eine Gemeinschaftssiedlung, die sich von einem Kibbuz nur darin unterscheidet, daß die Eltern die Kinder, die bei ihnen wohnen, selbst erziehen. Zunächst war Nes Ammim eine kleine landwirtschaftliche Siedlung mit Felderwirtschaft (Getreide und Baumwolle) und Viehzucht (Hühner und Fasanen), aber schon bald entstand mit Hilfe der niederländischen Regierung in großen Glashäusern ein Modellbetrieb für Rosenzucht. 1979 wurde eine Jugendherberge eröffnet, die mit Spenden aus der Schweiz, 1982 ein Hotel, das vor allem mit Spenden aus der Bundesrepublik Deutschland finanziert worden war. Jugendherberge und Hotel wurden errichtet, damit Nes Ammim als Ort geleber Solidarität von Christen mit dem jüdischen Volk zugleich zu einer Stätte der Begegnung von Juden und Christen und zu einem ökumenischen Studienzentrum werden konnte, zu »einem jüdisch-christlichen Lehrhaus«.

In Nes Ammim leben zur Zeit (1985) etwa 220 Menschen, unter ihnen 60 Kinder. Die meisten Siedler sind jetzt Holländer und Deutsche. Ein Kern von Familien und einzelnen Siedlern will für länger oder für immer in Nes Ammim leben, die meisten aber für etwa 5–10 Jahre, um danach als Freunde Israels wieder in ihre Heimat zurückzukehren. Etwa 80 junge Menschen verbringen regelmäßig ein »Arbeits- und Informationsjahr« in Nes Ammim. Wer nähere Auskünfte über Nes Ammim wünscht, kann sich an folgende Adressen wenden:

Nes Ammim, Doar Na Ashrat 25225, Israel;
Deutscher NES-AMMIM-Verein
Akazienweg 20
53177 Bonn

Heinz Kremers